KB235440

‖ 인문교양총서 12

삼국유사 원시와 문명 사이

•

정 우 락

삼국유사 원시와 문명 사이

저자 정우락(鄭羽洛) __ 경북대학교 인문대학 국어국문학과

경상북도 성주에서 태어나 경북대학교 인문대학 국어국문학과를 졸업하고 동대학원에서 문학박사학위를 받았다. 현재 경북대학교 인문대학 국어국문학과 교수로 재직하고 있다. 저서로는 『남명문학의 철학적 접근』, 『남명학파의 문학적 상상력』, 『영남의 큰집, 안동 퇴계 이황 종가』, 『조선의 서정시인 퇴계 이황』, 『남명과 퇴계사이』, 『남명과 이야기』, 『남명문학의 현장』, 『문화공간 팔공산과 대구』 등이 있고, 논문으로는 「한국문학에 나타난 물 이미지의 이항대립과 그 의미」, 「조선중기 강안지역의 문학활동과 그 성격−낙동강 중류 지역을 중심으로 한 하나의 시론−」 등 다수가 있다.

경북대 인문교양총서 ⑫

삼국유사 원시와 문명 사이

초판 인쇄 2012년 1월 25일
초판 발행 2012년 1월 31일

지은이 정우락
기 획 경북대학교 인문대학
펴낸이 이대현
편 집 이소희 권분옥 박선주
디자인 이홍주
마케팅 박태훈 안현진

펴낸곳 도서출판 역락
주 소 서울시 서초구 반포4동 577−25 문창빌딩 2층
전 화 02−3409−2060(편집), 2058(마케팅)
팩 스 02−3409−2059
등 록 1999년 4월 19일 제303−2002−000014호
전자우편 youkrack@hanmail.net

값 9,000원
ISBN 978−89−5556−961−2 04910
     978−89−5556−896−7 세트

인문교양총서 012

삼국유사 원시와 문명 사이

정우락 지음

역락

　경북대학교 야외박물관 월파원(月坡園), 여기에는 여러 기의 석탑이 있다. 그 가운데 하나가 일연이 한때 주석하였던 인흥사(仁興寺), 그곳에 있었던 삼층석탑이다. 상륜부가 없어지기는 했지만 일연이 그의 육안으로 보았을지도 모른다고 생각을 하면 전혀 새롭게 보인다. 인흥사의 원래 이름은 인홍사(仁弘社)였는데, 일연이 주석한 지 11년 만에 전각을 새롭게 짓고, 조정에 주청하여 현판을 내려 받았다. 이때 조정에서는 인홍사를 인흥사로 고쳤다. 이 절은 지금의 대구시 달성군 화원읍 남평문씨 세거지에 있었던 것으로, 일연은 여기서 『삼국유사』 찬술의 토대가 되는 역대연표를 작성했다고 한다. 경북대 인흥사지탑은 1959년에 화원읍에서 옮겨온 것이다.

　인흥사지 석탑 앞에서 일연을 다시 생각한다. 민지(閔漬, 1248~1326)는 보각국사 비문에서 '국존의 이름은 견명(見明)이고 자는 회연(晦然)이며 나중에 일연(一然)으로 고쳤다.'라며 그를 소개하고 있다. 일연의 이름에서 우리는 어떤 불교적 통찰을 얻는다. '견명'이 빛을 상징한다면, '회연'은 어둠을, 그리고 '일연'은 빛과 어둠이 같다는 회통적 의미로 해석될 수 있기 때문이다. 이 같은 불교적 세계관에 입각하여 민지는 비문의 들머리에서 '대저 맑은 거울과 둔탁한 쇠가 원래부터 두 물건이 아니며, 휘몰아치는 파도와 고요한 호수도 한 근원에서 나온다.'라고 할 수 있었다.

죽음과 삶이 둘이 아니며, 극락과 지옥도 하나다. 따라서 중생과 부처가 다르지 않아 중생의 마음속에 부처가 산다. 이 같은 대립과 모순을 무화시키고 대통일을 이룩하고자 하는 불교적 상상력은 우리로 하여금 삶에 대한 깊은 통찰에 이르게 한다. 일연 역시 처음에는 삶과 죽음의 문제에 매달렸을 것이고, 마침내 여기서 자유로웠을 것이다. 어쩌면 그의 이름에 숙명적으로 잠복한 견명과 회암의 회오리를 일연으로 조용히 잠재웠을지도 모른다.

『삼국유사』는 여러 각도에서 접근이 가능하고 또한 그렇게 연구되어 왔다. 최남선은 「삼국유사 해제」에서 '『삼국유사』는 어느 의미로 말하면 조선 상대를 혼자 담당하는 문헌이라고 할 만하니 조선의 생활과 문화의 원두(源頭)와 고형(古形)을 보여주는 것이 오직 이 책이 있을 따름일새니라.'라고 한 바 있다. 한국인의 정신적 원형(原型)이 『삼국유사』에 있다는 그의 발언은 결코 과장이 아니다. 여기에는 우리 민족이 빛과 어둠 사이에서 빚어낸 인식의 원두와 고형이 있기 때문이다.

일연이 제시하는 우리 민족의 원형은 다중적(多衆的)이다. 원시와 문명이 한 자리에 놓이고, 다양한 사상과 문화가 섞여 있다는 것이다. 사정이 이러하므로 이 책은 원시와 문명 사이에서 서술하지만 어느 하나로 획일화하지 않는다. 일연이 그러했던 것처럼 자유롭게 상상하면서 고정된 인식의 틀을 넘어서고자 했다. 이 때문에 『삼국유사』를 중심으로 서술하되, 사상적으로는 유불도를 넘나들었고, 시대적으로는 고대와 중세는 물론이고 현대까지 오르내렸다. 이 책에 조선시대의 유학자들과 현대적 삶의 성찰이 많이 제시되어 있는 것은 바로 이 때문이다.

이 책의 제1장은 어둠과 원시 주변에 모여 있는 이야기들이다. 비합리적으로 보이는 신이사관(神異史觀)도 이것을 토대로 형성되었다. 이 세계관은 세속적 질서에서 훨씬 벗어나 깊고 어두운 곳에 감추어져 있던 민족적 진실을 적극적으로 이해하고 해석하면서 성립된 것이다. 얼핏 보아 황당무계한 것 같지만 그것이 오히려 위대함으로 창조될 수 있게 했다. 일연은 신이가 우리 민족의 가슴에 살아 어떤 거대한 꿈으로 작용하길 간절히 소망하였던 것이다.

제2장은 『삼국유사』에 나타난 빛과 문명을 향한 이야기들이다. 『삼국유사』에 잠복해 있는 어둠과 원시의 힘은 그 자체로도 매우 중요하지만, 그것은 민족의 빛과 문명에 봉사하고 있다는 점에 주목한 것이다. 일연은 이것을 깊이 인식하였으므로 단군신화에서조차 어둠과 원시가 빛과 문명으로 향하게 하였다. 이 때문에 어둠과 원시는 비논리나 무력함으로 고립되지 않을 수 있었다. 문명한 세계의 창조를 위해 기능하는 그러한 신령스런 힘이 될 수 있었던 것이다.

제3장에서는 인간, 그 가운데 여성을 주목한 이야기들이다.

많은 사람들이 그렇게 읽어왔듯이 『삼국유사』는 민족과 민중, 그리고 여성을 존중한다. 이들은 보편과 귀족과 남성의 저편에서 이것이 지닌 한계를 지적하고 극복한다. 이 가운데 여성은 밖으로 연약해 보이지만, 세속적 권력과 맞서며 스스로의 세계를 건축한다. 그들은 욱면비처럼 가난한 계집종으로 생활하지만 먼저 깨달았고, 수로부인처럼 아름다움의 가치를 알았으며, 선덕여왕처럼 은은하면서도 빛나는 지혜를 지니고 있었다.

인터넷 검색창에서 '삼국유사'를 찾아보면 이와 관련된 수많은 정보를 확인할 수 있다. 그만큼 현대의 한국인은 『삼국유사』에 열광하고 있는 것이다. 여러 분야에서 다양한 종류의 책이 나왔고, 연극이나 영화, 드라마까지 이를 토대로 만들었다. 더욱이 경산시나 군위군 등 관련 지방지치단체에서는 일연과 『삼국유사』를 브랜드화 하며 특별한 관심을 보였고, 인연있는 절에서는 관련 템플스테이를 여는 등 다양한 행사도 마련하였다.

그러나 『삼국유사』와 관련된 일련의 사업이 하나의 전시성으로 그쳐서는 안 된다. 그 관심은 미래를 구성하고 해명하는 것으로 거듭날 수 있어야 한다. 근대를 극복하는 논리가 여기서 구상되고 문명으로 나아가지만 원시가 작동하는 그러한 새로운 질서를 여기서 만들 수 있어야 한다. 무엇이 민족의 핵심인지를 『삼국유사』에게 거듭 물으며, 신중하면서도 자유로운 상상을 통해 미래를 이야기할 수 있어야 한다.

이 책은 경북대 인문대학에서 간행하는 인문교양총서로 구상되고 집필되었다. 따라서 일반대중을 위해서 비교적 평이하게 썼다. 동학들과 『삼국유사』를 강독하며 일연의 본의를 찾기도 하고, 동화사에서 발간하는 『월간동화』 등에 관련된 글을 기고하며 생각을 가다듬기도 했다. 이 자리를 빌려 나에게 이 책을 낼 수 있도록 기회를 준 경북대 인문대학을 비롯해서, 관심을 갖고 지면을 할애해 준 동화사, 그리고 교정을 본 문생들에게 감사드린다.

이 책을 처음 쓰기 시작한 것은 벽오동 곁에 있는 나의 경북대 연구실이었다. 그러나 탈고를 한 곳은 미명호(未名湖)가

보이는 중국 북경대의 조선문화연구소다. 나는 그 사이 이곳의 방문학자로 왔기 때문이다. 북경에는 고려를 짓밟았던 몽골의 흔적이 많다. 이 때문에 여기서 『삼국유사』를 다시 읽는 것은 나로서는 아픈 경험이 아닐 수 없다. 멀리 떠나 있으므로 더욱 아려오는 민족적 잔상들, 그러나 일연은 이를 훨씬 뛰어넘어 상생의 미래를 구상할 수 있게 했다. 『삼국유사』가 위대한 까닭은 바로 여기에 있는지도 모르겠다.

2011년 7월 1일

북경대에서 정우락

원시, 그 어둠의 힘 ••• 15

원시, 그 어둠의 힘

1. 어둠이라는 이름의 심연

창문을 열어 아득히 누워 있는 팔공산을 본다. 동봉이나 시루봉 같은 봉우리에는 구름이 쉬엄쉬엄 흘러가고, 수태골이나 삼성골 같은 골짜기에는 산안개가 자욱하다. 모든 산이 그러하듯이 팔공산도 수많은 봉우리와 골짜기를 거느리고 있다. 골짜기가 깊을수록 봉우리는 높고, 봉우리가 가파를수록 골짜기는 험하다. 봉우리와 골짜기, 요철(凹凸)로 구성되어 있는 이것은 흡사 태극 같기도 하다. 나는 태극 같은 산을 바라보면서 가끔 유가와 도가의 총합적 상징체계를 연역해낸다.

봉우리는 유가(儒家)의 상징체이다. 일찍이 공자는 '동산에 올라가 노국을 좁게 여기고 태산에 올라가 천하를 좁게 여겼다.(登東山而小魯 登泰山而小天下)'라고 하였다. 공자의 이 생각에는

● 중국 태산의 '공자소천하처'

빛과 문명을 지향하는 꿈이 있다. 이 때문에 공자의 후예들은 그 빛과 문명을 찾기 위하여 끊임없이 산을 올랐다. 조선의 수많은 사림(土林)들이 산을 올랐던 것도 문명의 세계에 대한 꿈이 있었기 때문이다.

골짜기는 도가(道家)의 상징체이다. 노자는 일찍이 '골짜기의 신은 죽지 않는다.(谷神不死)'라고 하였다. 노자의 이 생각에는 어둠과 원시에 대한 지향점이 있다. 이 때문에 노자의 정신적 계승자들은 신선을 꿈꾸며 골짜기, 즉 동천(洞天)을 찾아들었다. 청학동을 찾아 지리산 일대를 헤매고 다녔던 수많은 선인들은 그 대표적인 인물이다.

유가는 논리와 이성, 그리고 합리(合理)를 강조하고, 도가는 직관과 감성, 그리고 신이(神異)를 강조한다. 우리는 이 둘 가운데 어느 하나라도 없으면 살 수가 없다. 머리의 뇌와 가슴의 심장이 없으면 살 수 없는 것과 같은 이치이다. 이 때문에 인간에게 있어 가장 중요한 두 부분을 따서 수뇌부(首腦部)와 심장부(心臟部)라 하지 않았던가. 논리와 이성을 강조하는 머리와, 직관과 감성을 강조하는 가슴의 조화야말로 인간이 지향하는 최후의 지점이 아닐 수 없다.

그렇다면 도선(道仙)적 경향을 지닌 승려 일연은 『삼국유사』를 어떤 생각으로 지었을까? 일연의 시대는 그야말로 민족사적 시련기였다. 그가 48세(1253년) 되던 해의 『고려사』 기록에서 한 해 동안 몽고에 포로로 잡혀간 백성의 수가 무려 20만 2,800명이나 되고 살해된 사람의 숫자는 헤아릴 수 없을 정도였다고 한 것은 그 단적인 예가 된다. 풍습도 몽고의 것을 따라야 했다. 앞머리를 깎고 머리를 땋아 늘이는 조발 형태 등 몽고식 풍습도 유행하였다. 이처럼 고려의 정체성은 심각하게 흔들리고 있었다.

일연은 위기의 시대를 맞아 합리주의만으로 당대를 극복할 수 없다고 판단하였다. 이 때문에 김부식의 『삼국사기』가 중앙집권 체제를 강화하고 금(金)나라와의 평화적 외교관계를 맺으면서 당대의 현실을 극복하자는 노선을 취했던 것과 달리, 일연의 『삼국유사』는 몽고의 침략에 따른 신비적 초월주의라는 특단의 염원과 그 결집으로 당대의 현실을 극복하고자 하였다. 이렇게 해서 제시된 것이 바로 신이사관(神異史觀)이다. 신비하고 기이한 힘에 의거한 이 초월사관은 『삼국유사』에 일관되게 적용되었다. 이 책의 첫머리가 '기이(紀異)'로 시작하는 것도 이 때문이었다. 일연은 기이편 서문에서 이렇게 시작하고 있다.

> 대개 옛날의 성인들은 그 예악(禮樂)으로 나라를 일으키고 인의(仁義)로 가르침을 베풀었지만 괴력난신(怪力亂神)에 대하여 말하지는 않았다. 그러나 제왕이 장차 일어날 때에는 천명을 받고 도록(圖籙)을 받는 등 반드시 보통사람과는 다른 점이 있었다. 그런 후에야 큰 변화를 타고 큰 권력을 잡아서 대업을 이룩할 수 있었던 것이다. 그러한 까닭에 하수(河水)에서는 그림이 나왔고, 낙수(洛水)에서는 글이 나와서 성인이 일어났던 것이다.

『논어(論語)』에 의하면 공자는 '괴력난신(怪力亂神)에 대하여 말하지 않았다.'라고 하였다. '괴'는 괴이(怪異)를, '력'은 용력(勇力)을, '난'은 패란(悖亂)을, '신'은 귀신(鬼神)을 의미한다. 이 모두가 바른 이치에 근거한 것이 아니거나 쉽게 밝힐 수 없는 것들이다. 공자가 떳떳한 일, 인간의 미덕, 다스려짐, 세상의 일을 언급하였지 초월적인 어떤 힘에 대하여 말하지 않았다는 것을 적실히 보인 것이다.

그러나 일연은 제왕이 나타나 제업을 이룰 때는 하늘이 신표를 주거나 하는 등 인간의 일상을 훨씬 벗어난 특별하고 기이한 일이 있을 수밖에 없다고 했다. 그 예로 하출도(河出圖)와 낙출서(洛出書)를 들었다. 복희(伏羲)가 황하(黃河)에서 얻은 그림에 의거하여 팔괘(八卦)를 만들었으며, 하우(夏禹)가 낙수(洛水)에서 얻은 글로 천하를 다스리는 대법(大法)인 '홍범구주(洪範九疇)'를 만

• 복희와 여와

들었다고 한 것이 바로 하도낙서다. 일연은 여기서 나아가 제왕의 신비한 사적과 관련된 다양한 예를 다음과 같이 들었다.

무지개가 신모(神母)를 둘러싸서 복희를 낳았고, 용이 여등(女登)과 감응하여 신농씨 염(炎)을 낳았다. 황아(皇娥)가 궁상(窮桑)의 들판에서 노닐다가 스스로 백제의 아들이라 칭하는 신동과 교통(交通)하여 소호(小昊)를 낳았다. 간적(簡狄)은 알을 삼켜 설(契)을 낳았고, 강원(姜嫄)은 발자국을 밟

고 기(弃)를 낳았다. 잉태한 지 14개월 만에 요(堯)를 낳았고 큰 못의 용과 교접하여 패공 유방(劉邦)을 낳았다. 이로부터 내려오는 것을 어찌 다 기록할 수 있겠는가.

일연은 이처럼 중국의 신화에 등장하는 신이한 이야기를 잔뜩 늘어놓았다. 이에 의하면 8괘를 창시하고 목축과 고기 잡는 방법을 가르친 복희는 무지개와 신모의 교합을 통해, 백성을 위해 농사짓는 법을 가르친 신농은 용과 여등의 교합을 통해 태어났다고 한다. 이뿐만이 아니다. 현조(玄鳥)가 떨어뜨린 알을 삼켜 낳은 설, 이상한 발자국을 밟고 임신하여 낳은 주나라의 시조 후직(后稷) 기 등은 말할 것도 없고, 성왕 요와 패(沛)에서 군사를 일으켜 한나라를 세운 유방 역시 그러하다면서 이루 다 기록할 수 없다고 했다.

위대한 일에는 일상을 훨씬 벗어난 신기하고 기이한 일이 있을 수밖에 없다고 본 일연은 우리나라의 경우도 마찬가지라 하였다. '삼국의 시조도 모두 신비스러운 이적으로부터 나왔다는 것이 어찌 괴이할 것이 있겠는가. 여러 편의 첫머리에 기이편을 싣는 까닭도 바로 여기에 있다.'라고 한 것이 바로 그것이다. 신비한 일이 결코 괴이한 일이 아니며, 건국과 같은 위대한 일에는 신이가 당연히 따른다는 것이다. 여기서 우리는 일연이 가진 신이사관을 바로 이해하게 된다.

일연은 공자의 '불어괴력난신'설을 비판적인 시각으로 보았

다. 이에 따라 그의 저서 『삼국유사』를 '기이편'부터 시작하였
을 뿐 아니라, 『삼국유사』 전편에 일관되게 신이사관을 적용
시켰다. 얼핏 보아 황당무계한 것 같지만 그것이 오히려 위대
함을 내포하고 있다는 것을 일연은 역설하였다. 이것은 이규
보가 저 유명한 「동명왕편」에서 동명왕 설화를 처음 읽었을
때는 '귀(鬼)'와 '환(幻)'인 줄로 알았는데, 두 번 세 번 음미해보
니 '신(神)'과 '성(聖)'이었다고 한 외침 바로 그것이다.

지금까지 우리는 봉우리를 오르면서 문명을 꿈꾸었다. 문명
은 분명 우리의 삶을 윤택하게 하고 도덕적 질서를 가져다주
는데 커다란 공헌을 하였다. 그러나 그것의 일방적 통행으로
말미암아, 나무는 더 이상 우리에게 말을 걸어오지 않고, 별은
내려와 다시 길을 쓸어주지 않는다. 골짜기가 보유하고 있는
원시와 어둠은 자연과 인간을 하나로 통일시켜주며 인간이 가
진 본능의 위대함을 새롭게 일깨운다. 문명과 빛이 끝나는 자
리에 원시와 어둠이 있을까? 그렇지 않을 듯하여 불안하다. 오
염과 파괴로 점철된 우리 시대의 문명, 그 극점에 과학이 위태
롭게 서 있다.

2. 비슬산에 숨어 산 두 명의 원시인

비슬산(1083.6m)은 팔공산(1192.9m)과 함께 대구를 대표하는 산

이다. 대구시·청도군·경산군·창녕군의 경계를 이루며 정상 부근에는 수만 평에 이르는 광활한 평원에 참꽃 군락지와 함께 갈대밭이 있어, 봄이면 붉은 가슴으로 참꽃이 능선을 넘어서고 가을이면 소슬한 바람이 휘휘 감돌아 갈피리를 연주한다. 그리고 해발 1000m 바위 끝에 자리한 대견사지 삼층석탑, 그는 하토를 아득히 굽어보며 즈믄 해를 선정(禪定)에 들어 있다.

'비슬산'이라는 이름은 어디서 온 것일까? 인도어 '비수'에서 왔다고 하기도 하고, 산이 수목으로 덮여 있어 포산(苞山)이라 하기도 하고, 천지가 개벽할 때 산의 정상 부근에 배를 매었던 바위가 비둘기처럼 생겨 '비들산'이라 하다가 이것이 비슬산으로 변한 것이라 하기도 하고, 산 혹은 바위의 모습이 비파와 같아 그렇게 불렸을 것이라 하기도 한다. 이와 같이 산명의 다양한 유래담은 비슬산에 대한 관심이 그만큼 크다는 것을 역으로 보여주는 것이어서 흥미롭다.

비슬산의 대표적인 표기 방식은 포산(包·苞山)·비슬산(琵·毗瑟山)·소슬산(所瑟山)이다. 이들은 표기를 달리하지만 어원이 같다. 산의 형상이 소쿠리 모습을 하고 있어 '감싸 안은 산'이라는 뜻에서 '쁠뫼'라고 하였던 것을, 훈차로 표기하여 포산(包山)이라 하였다. 포산(苞山)은 이에 대한 오기(誤記)이다. '쁠뫼'의 '쁠'을 분절해서 읽으면 '바슬뫼'가 되고, 우리말 '바슬뫼'를 한자식으로 비슷하게 표기하면 '비슬산(琵·毗瑟山)'이 된다. '소슬산'은 '소(所)'가 '바-소'이니 '바슬뫼'의 훈차식 표기이다.

비슬산이 일연(1206~1289)과 깊은 인연이 있다는 것은 주지의 사실이다. 이 때문에 일연이 비슬산에 살면서 우도(友道)를 지켰던 두 성인 관기(觀機)와 도성(道成)을 찬양한 시를 유가사 입구에 비로 세운 것은 당연한 일이다. 일연은 1206년(희종 2)에 오늘날 경산시에 해당하는 장산군(章山郡)에서 태어나 22세 되던 해(1227)에 승과에 합격을 하면서 비로소 비슬산과 인연을 맺게 된다. 이후 보당암·무주암·묘문암 등을 거치면서 44세까지 22년간을 이 산에 머물면서 주석하는데, 이 시기를 일연의 제1차 비슬산 시대라 할만하다.

이후 일연은 남해의 정림사, 강화도의 선월사 주지가 되었고 1264년(원종 5) 가을에 포항의 오어사에 머물다가 비슬산 북쪽의 인홍사(仁弘社)로 거처를 옮긴다. 인홍사는 인흥사(仁興寺)로 개명하게 되는데, 대구시 화원의 인흥마을이 바로 여기에서 유래한 것이다. 이밖에도 비슬산의 동쪽 기슭으로 지금의 대구에서 청도로 넘어가는 헐티재 소재의 용천사를 수리하여 불일사로 개명하고, 운문사로 들어가기 전까지 살게 된다. 대체로 59세부터 72세까지 13년간 이 산에 머물렀는데 이 시기를 일연의 제2차 비슬산 시대라 할만하다.

일연이 35년간을 비슬산의 절에서 주석하면서 생애의 많은 부분을 이 산에서 지냈다. 이 때문에 그는 비슬산에 관한 이야기를 많이 알고 있었는데, 특별히 관심을 가졌던 것은 이 산에 숨어산 사람들에 관한 것이었다. 『삼국유사』「피은(避隱)·포산

● 경북대 야외박물관(월파원)의 인흥사지 삼층석탑

이성」조에는 비슬산에 숨어 살았던 대표적인 사람 아홉을 제시하고 있다. 앞에서 언급한 관기와 도성을 비롯해서, 반사(橉師), 첩사(㯘師), 도의(道義), 자양(子陽), 성범(成梵), 금물녀(今勿女), 백우사(白牛師) 등이 그들이다. 일연은 이 가운에 반사와 첩사에 대해서는 다음과 같이 특기하고 있다.

> 반(橉)은 음이 반(般)인데 우리말로 비나무라 하고, 첩(㯘)은 음이 첩(牒)인데 우리말로 갈나무라 한다. 반사와 첩사 두 분 스님은 오랫동안 바위틈에 숨어 살며 인간 세상과 교유하지 않았다. 모두 나뭇잎으로 옷을 엮어 입고 추위와 더위를 다스리며 습기와 부끄러운 곳을 가렸을 뿐이었다. 이로 인해 반사와 첩사로 이름하였다. 일찍이 금강산에도 또한 이러한 이름이 있다는 것을 들었다. 이는 옛날 세속을 떠나 숨어 지내는 사람들의 뛰어난 운치가 이와 같음을 알겠으나 다만 따라 하기 어려운 일이다.

반사는 비나무로 몸을 가렸고, 첩사는 갈나무로 몸을 가렸다. 이들은 문명을 지향하는 인간 세상을 거부하고 나뭇잎으로 몸을 가리며 원시적 삶을 살았다. 단순히 보면 원시인이라고 하겠으나 인간 세상과 교분을 쌓지 않았다는 데 주목할 만하다. 이것은 물질문명이 발달하기 전의 비자발적인 미개의 원시가 아니라, 문명사회를 거부한 자발적인 원시이기 때문이다. 일연은 바로 이 점을 높이 사 이들을 성인으로 인정하며 아홉 성인의 무리에 포함시켰던 것이다. 나아가 이들의 아름다운 삶을 기리며 다음과 같은 시를 지었다.

산나물과 약초로 배를 채우고,	紫茅黃精塡肚皮
옷은 나뭇잎, 베로 짠 것이 아니라네.	蔽衣木葉非蠶機
찬 솔바람 불고 돌은 험한데,	寒松颼颼石犖确
해 저문 숲에서 나무꾼 돌아오네.	日暮林下樵蘇歸
깊은 밤 밝은 달빛 아래 앉았다가,	夜深披向月明坐
소슬한 바람 불어 따라서 날았도다.	一半颯颯隨風飛
헤진 부들자리에 누워서 잠이 들면,	敗蒲橫臥於憨眠
꿈속의 혼도 세속에 얽매이지 않는다네.	夢魂不到紅塵羈
구름 놀다 간 두 암자의 터에,	雲遊逝兮二庵墟
산사슴만 뛰어놀 뿐 인적이 드물구나.	山鹿恣登人跡稀

위의 시에서 보듯이 일연은 반사와 첩사를 선승으로 보았다. 산나물과 약초를 뜯어 먹으며 목숨을 연명하고 나뭇잎을 엮어 몸을 가렸지만, 깊은 밤을 헤치고 밝은 달빛을 향하여 앉았다고 한 데서 이를 알 수 있다. 어둠을 헤치고 바위에 높이 앉은 반사와 첩사, 그들은 여기서 자연과 완전한 하나가 될 수 있었다. 이것을 일연은 소슬한 바람이 불면 그 바람을 따라 몸이 날린다고 하였다.

위의 시에서 특히 주목할 것은 '헤진 부들자리에 누워서 잠이 들면, 꿈속의 혼도 세속에 얽매이지 않는다네.'라고 한 부

● 일연 시비 : 「찬반사첩사이성사지유미」

분이다. 세상을 피하여 자연에 은거하는 것에는 두 가지 종류가 있다. 하나는 정치적 이유 등으로 세상이 싫어서 은거하는 경우이고, 다른 하나는 자연이 좋아 은거하는 경우이다. 여기서는 반사와 첩사를 후자로 보고 있다. 꿈에서 조차 홍진(紅塵)의 세상에 얽매이지 않는다고 하였기 때문이다. 원시적 삶이 표면적이며 가시적이라면, 꿈속의 삶은 이면적이며 비가시적이라 하겠는데, 이마저 세속과 단절되어 있었다고 본 것이다.

원시인, 그러나 성인이었던 반사와 첩사, 이들은 우리 시대에 어떤 메시지를 던지는가. 우리는 지금 문명의 도회에서 가쁜 숨을 몰아쉬며 고아(孤兒)처럼 헤매고 있다. 자기의 삶을 박탈당하고 어디로 가는지도 모른 채 바쁘게 가고 있다. 관심을 내면으로 끌어들여 자연과 소통하면서 주체적 역량을 키우며 우리의 삶을 다시 찾아올 수는 과연 없는가. 초월적 자연주의가 우리 사회의 대안이 될 수는 없다고 하더라도, '자아'를 잃은 우리에게 커다란 성찰을 가져다준다는 측면에서 반사와 첩사는 여전히 그리운 존재이다.

3. 슬며시 내 곁에 오시는 부처님

나의 전공분야는 한국문학이다. 그 가운데서도 한문학 자료를 중심으로 문학사상적 측면에서 연구하며 이런저런 글들을 써왔다. 문학사상은 여러 가지로 나눌 수 있지만, 문학에 나타난 사상은 문학작품에 어떤 사상이 구체적으로 나타나는가를 주로 살핀다. 그것은 유·불·도(儒佛道)의 종교사상이 될 수도 있고, 정치·윤리·민족·낙원의식 등의 다양한 이념이 될 수도 있다.

나는 유가의 후예로서 주로 유교와 관련된 자료를 집중적으로 읽고 공부해왔다. 그러나 우리 문화에 지대한 영향을 미친 불교사상 또한 배제할 수 없으므로 관련 유적을 답사하며 비교적 가벼운 글들을 여러 차례 써온 것 같다. 최근에는 대학원생들과 일연(一然)의 『삼국유사(三國遺事)』를 강독하면서 강의실에서의 이론을 현장과 접목시키려는 노력도 하고 있다. 만족

할 만한 성과는 아직 거두지 못했지만 이 같은 시도는 지속되어 마땅하다.

그동안 우리는 문학의 생성공간에 대하여 오랫동안 외면해왔던 것 같다. 학생들에게 문헌을 중심으로 한 형해화(形骸化)된 지식을 강의실에서만 고립적으로 전달해왔다는 것이다. 그러나 강의실과 문학의 현장은 끊임없이 소통되어야 한다. 이를 통해 문헌이 가진 진실을 제대로 파악할 수 있을 뿐만 아니라, 문헌 밖의 사실들도 아울러 이해할 수 있기 때문이다. 『삼국유사』도 바로 이러한 시각에서 접근해야 한다.

『삼국유사』 권5 「감통」편을 보면 「진신수공(眞身受供)」조가 있다. 부처가 사람의 몸을 빌어 실제로 공양을 받는다는 것이다. '우찌 이런 일이?'라고 생각하는 사람은 논리적인 두뇌를 가진 합리주의자다. 그러나 부처와의 만남이 꼭 논리적으로 성사되는 것은 아니다. 이 같은 비논리와 환상이 『삼국유사』에는 즐비하고, 과학과 문명이 최고인 줄로 알고 사는 사람에게는 참으로 당혹감을 안겨준다. 「진신수공」의 한 대목을 들어 보자.

효소왕 6년 정유에 낙성회(落成會)를 열자, 왕이 친히 가서 공양하였다. 행색이 누추한 어떤 비구승이 뜰에 서서 몸을 굽히며 왕에게 청하기를, "소승도 재(齋)에 참여하기를 원합니다"라고 하니, 왕이 허락하여 말석에 앉게 했다.

재가 끝나갈 즈음 왕이 놀리는 말투로, "어디에 사는고?"
라고 하자 비구가 대답하기를, "비파암(琵琶嵓)에 삽니다"
라 했다. 왕이 말하기를, "지금 가거든 누구에게도 국왕이
직접 불공드리는 재에 참여했다고 말하지 말아라"고 했
다. 비구도 웃으며 대답하기를, "폐하께서도 다른 사람에
게 진신석가(眞身釋迦)에게 공양하였다고 말씀하시지 마십
시오"라고 하였다. 말을 마치고는 몸을 솟구쳐 하늘로 올
라가 남쪽으로 가버렸다.

위풍이 당당한 효소왕은 행색이 누추한 비구승을 업신여겼
다. 겉으로 보기에는 정치적으로 최고 권력자인 국왕이 더욱
위대한 듯하고 비구승은 보잘 것 없어 보인다. 이 때문에 국왕
은 비구승을 업신여겨 말석에 앉히고 같은 자리에 있는 것을
불쾌하게 생각하여 '국왕이 직접 불공드리는 재에 참여했다고
말하지 말아라.'고 했던 것이다. 그러니까 국왕이 부처에게 올
리는 공양은 진심이 담긴 게 아니라 허영으로 꾸며진 것이었다.
그러나 곧바로 사태는 역전되고 만다. 표면적으로 위대해
보였던 국왕은 한순간 무지한 자로 전락하기 때문이다. 비루
하기 짝이 없던 비구승이 바로 진신석가(眞身釋迦)였던 것이다.
비구승은 '폐하께서도 다른 사람에게 진신석가에게 공양하였
다고 말씀하지 마십시오.'라는 말로 허영심 가득한 국왕을 크
게 깨우쳐 준다. '몸을 솟구쳐 하늘로 올라가 남쪽으로 날아갔
다.'는 것은 부처의 신이한 능력을 눈으로 보여주기 위한 장치

에 불과하다.

　표면적인 진(眞, 효소왕)은 이면적으로 가(假)일 수 있고, 이면적인 진(眞, 비구승)이 표면적으로는 오히려 가(假)처럼 보이기도 한다. 즉 '진'과 '가'는 겉으로 보아 알 수가 없다. 오히려 진실은 범속한 곳에 있으며, 흐릿한 곳에 감추어져 있다는 것이다. 바깥으로 위세를 떨치는 무리들이 안으로는 비겁과 만용으로 가득 찬 경우가 더 많다는 것이다. 이어지는 다음 이야기를 따라가 보자.

　　왕은 놀랍고 부끄러웠으나 동쪽 산으로 달려 올라가서 그가 간 방향을 향해 멀리서 절을 하고, 사람을 시켜서 찾게 하였다. 그 비구는 남산(南山) 삼성곡(參星谷) 혹은 대적천원(大磧川源)에 이르러 바위 위에 지팡이와 바리때를 두고 사라졌다. 사자가 와서 보고를 드리니 왕은 마침내 비파암 아래에 석가사(釋迦寺)를 세우고, 그의 자취가 사라진 곳에 불무사(佛無寺)를 세워 지팡이와 바리때를 나누어 모셨다. 두 절은 지금 남아 있으나 지팡이와 바리때는 없어졌다.

　뒤늦게 깨달은 효소왕은 비구승이 사라진 곳을 향해서 절을 하고는 사람을 시켜 찾아 나서게 한다. 그러나 지팡이와 바리때만 남기고 이미 사라진 뒤였다. 이에 국왕은 사라진 부처를 생각하면서 석가사를 세우고 다시 불무사를 세워 지팡이와 바

● 남산 기슭의 삼릉 소나무숲

리때를 보관하였다. 자신의 어리석음을 뉘우치며 절을 세워 경배해 보지만 부처를 친견(親見)하였던 것은 이미 지나간 일이 되고 말았다.

이 이야기는 우리에게 무엇을 전하는가. 진리는 언제나 세속적 권위와는 별개로 존재한다는 것이다. 우리는 여기서 네 부류의 사람을 상정할 수 있다. 최상(最上)은 안으로 지혜롭지만 바깥으로 어리석은 듯한 사람, 차상(次上)은 안으로 지혜롭고 바깥으로도 지혜로운 사람, 차하(次下)는 안으로 어리석고 바깥으로도 어리석은 사람, 최하(最下)는 안으로 어리석지만 바깥으로 지혜로운 척 하는 사람이 그것이다.

우리는 이 네 부류 가운데 어떤 한 부류의 사람이다. 그러나 불행히도 가장 많은 부류의 사람들은 최하의 경우이다. 어리석기 때문에 그것을 감추기 위하여 애써 지혜로운 것으로 가장한다. 차상과 차하의 부류는 비슷하게 존재하고, 최상은 거의 없다. 아니 있을 수 있지만 그것을 아는 사람이 참으로 드물다. 특히 오늘날처럼 스스로를 과장하고, 남을 딛고 서는 것을 큰 자랑으로 아는 이러한 세상에서는 말이다.

진신석가가 산다는 비파암은 경주시 내남면 비파골에 있다. 시내에서 내남 쪽으로 6km 남짓 가면 비파마을이 나오고, 이 마을에서 금오산 정상에 이르는 골짜기가 바로 비파골이다. 『동경잡기(東京雜記)』에는 바위의 모양이 비파같이 생겨서 비파암이 되었다고 한다. 효소왕이 그 아래쪽에 석가사를 세우고 그 위쪽에 불무사를 세웠다고 한다. 지금도 사람들 사이에는 이 두 절터를 유추하곤 한다.

경주 남산에는 수많은 부처들이 돌에 새겨져 있다. 바위 안에 계시는 부처를 바깥에 그렇게 표시한 것이다. 신라 사람들은 그 부처가 바위에서 슬며시 나와 어리석은 사람을 제도하고 다시 들어간다고 생각했는지 모른다. 어쩌면 지금 내 옆에 있는 사람이 부처인지도 모른다. 언제 다시 바위로 들어가 천년 뒤를 기약할지도 알 수 없는 노릇이다. 부처는 이처럼 우리 곁에 슬며시 오시었다가 훌쩍 떠나, 우리로 하여금 천년을 그리워하게 하는 존재인지도 모른다.

• 비파암 주변(윤경렬. 『겨레의 땅 부처의 땅』에서)

4. 별이 쓸어준 길로 떠나는 여행

소통 가운데 가장 위대한 것은 아마도 자연과 인간의 소통
일 것이다. 우리 민간 풍속 가운데, 정월대보름이 되면 마을에
서 가장 건장한 청년을 뽑아 알몸으로 들판을 뛰게 하는 의식
이 있었다. 보기가 민망하여 많이 시행된 것은 아니지만, 이
같은 퍼포먼스로 마을의 안녕과 한 해의 풍년을 기원하였던
것이다. 땅의 여성성과 장정의 남성성을 결합시켜 많은 생산
을 가져와 복된 삶을 누리자는 의도가 이 의식에는 잠복해 있
었던 것이다.

알몸으로 들판을 뛰는 풍속이 현대적으로 재해석되고 계승
된 것이 알몸마라톤이다. 예컨대 제천시가 제천문화원과 함께
정월 대보름을 맞아 '알몸마라톤대회'를 연 것은 그 대표적이
다. 대구에서 정초에 열리는 알몸마라톤대회도 이에 대한 변
용에 다름 아니다. 이 대회가 성공적으로 이루어져 많은 사람
들이 참가하였는데, 참가의 목적이 추위를 이겨내는 보람과
건강을 지키기 위한 것이지만, 사실 여기에는 자연과 인간이
원시적으로 소통하는 생태주의적 전통이 깊이 계승되고 있다.

생태주의는 인간과 문명의 오만을 비판한다. 따라서 생태주
의자는 인간이 자행하는 자연파괴와 환경오염의 바탕에는 인
간이 자신을 자연과 분리시켜 자연을 정복하려는 생각이 깔려
있다고 생각한다. 이 때문에 정월대보름날 건장한 장정이 대

● 대구 알몸마라톤대회(연합뉴스, 2011. 1. 2)

지에게 알몸으로 신청하는 그 데이트는 오히려 엄숙한 생태적 행위가 아닐 수 없다. 옷이라는 문명의 결과물은 하나의 소통 장애를 일으킬 수도 있어 가장 자연스런 모습으로 돌아가고자 했던 것이다.

생태주의는 인간과 자연, 혹은 인간과 인간의 관계가 지배와 복종의 관계에 있다는 생각을 거부한다. 조화적 질서 속에서 서로의 삶이 하나의 유기체로 구성되어 있다고 보기 때문에 자신과 함께 상대를 존중한다. 자신이 중요하듯이 상대를 중시하는 세계관은 나를 전적으로 희생시키지도 않으며, 상대를 자신에게 종속시키지도 않는다. 여기에 자연스러움이 있고 자유로움이 있다. 녹색 렌즈를 통해 세계를 읽기 때문에 자연의 위대함을 기반으로 하여 인간을 이해한다.

『삼국유사』는 생태주의적 언어들로 가득하다. 비슬산에서는 관기와 도성의 마음을 알아 나무가 이들을 위하여 예배하고, 남백월산에서는 관세음보살이 몸을 나투어 노힐부득과 달달박박을 계도한다. 갈항사에서는 80여 개의 돌이 승전이라는 스님의 법문에 고개를 끄덕이고, 신충은 잣나무에 향가를 붙여 그 나무를 마르게 한다. 이처럼 자연은 인간과 긴밀하게 소통한다. 인간의 일이 하늘에 나타나기도 하고, 하늘에 나타난 현상을 보고 인간의 일을 극복하기도 한다. 이 같은 맥락에서 융천사(融天師)가 지은 「혜성가(彗星歌)」를 읽어보기로 하자. 내용은 이렇다.

옛날 동쪽 물 가	舊理東尸汀叱
건달파가 놀았던 성을 바라보며	乾達婆矣遊烏隱城叱肹良望良古
"왜군이 온다, 횃불을 올려라!"	倭理叱軍置來叱多
외친 변방의 무리가 있었네.	烽燒邪隱邊也藪耶
세 화랑이 산행간다는 것을 듣고	三花矣岳音見賜烏尸聞古
달도 밝게 빛을 내고	月置八切爾數於將來尸波衣
길을 쓰는 별을 바라보는데,	道尸掃尸星利望良古
"혜성이여!" 아뢴 사람 있었다네.	慧星也白反也人是有叱多
아아, 달이 지누나.	後句 達阿羅浮去伊叱等邪
이에 무슨 혜성이 있겠나?	此也友物比所音叱慧叱只有叱故

『삼국유사』의 「융천사혜성가」조에는 이 노래의 배경설화도 전한다. 거열랑과 실처랑, 그리고 보동랑 등 세 화랑이 금강산을 유람하고자 하는데 혜성이 나타나 심대성을 범했다. 이에 화랑들은 나라에 재앙이 일어날 것을 염려하여 여행을 그만두

고자 했다. 이 때 융천사가 위와 같은 노래를 지어 부르자 혜성의 변괴가 사라지고, 일본 군사도 자기 나라로 돌아갔다. 진평왕은 크게 기뻐하여 세 화랑을 다시 금강산으로 보내어 놀게 하였다.

「혜성가」는 주술적인 노래로 보는 것이 일반적이다. 즉 혜성과 일본 군사의 퇴치를 위한 노래로, 혜성의 피해를 예방하고 왜적의 침략을 극복하기 위한 것이라고 해석한다. 혜성은 고대인들이 꺼리는 것으로 재앙의 별로 여겨졌다. 이 별이 천왕(天王)을 상징하는 심대성을 범했다고 했으니 신라의 안위나 국왕의 신변에 심각한 문제가 발생한다는 것을 보인 것이다. 이에 융천사가 향가를 지어 혜성을 없앴다고 했으니 당시 사람들은 향가에 주술적인 힘이 내재해 있다고 믿었던 모양이다.

이 노래에는 생태주의적 색채가 농후하다. 무엇보다 인간의 행위에 대한 자연의 관심과 도움이 있기 때문이다. 세 화랑이 금강산으로 유람을 떠나자 달은 중천에 떠서 빛을 더욱 발하고, 별은 내려와 화랑이 가는 길을 쓸어 준다. 이보다 더한 자연과 인간의 아름다운 소통을 본 일이 있는가. 화랑은 밝은 달빛 아래서 별이 쓸어준 길을 걸으며 금강산 유람을 하였을 것이다. 오늘날 우리 시대의 생태학적 교란을 생각할 때, 별이 쓸어주는 길을 걸었던 그 옛날 화랑이 부럽지 않을 수 없다.

하늘에서 역사(役事)한 지상의 일도 생태주의와 맥락을 함께 한다. 혜성이 심대성을 범했다는 사실은 앞으로 지상에서 일어날 일을 예견한 것이다. 고전시대의 천문가들은 모두 자연과 인간의 유기적 관계를 신뢰하는 생태주의자라 할 수 있다. 소미성(少微星)이 빛을 잃어 훌륭한 처사(處士)의 죽음을 예언했다던가 하는 허다한 이야기들이 그것이다. 자연과 인간이 대립하며 서로를 외면할 때 소통은 이루어질 수 없다. 화랑은 이것을 알았고, 이 때문에 금강산 유람을 포기하고자 했던 것이다.

「혜성가」에는 미망(迷妄)에 사로잡힌 인간을 계도하자는 불교적 의도가 잠복해 있기도 하다. 이 노래는 그 맥락상, 달이 빛을 발하고 혜성이 길을 쓸며 화랑의 금강산 유람길을 돕는데 사람들은 변고가 날 것이라며 떠들지만, '달마저 지는데 무슨 혜성이 있어 변고가 있겠는가.'라는 것이다. 이렇게 보면 원래부터 없었던 변고를 미망에 사로잡힌 인간이 해가 될 것이라 착각을 한 것이 된다. 따라서 융천사의 「혜성가」는 인간의 마음은 본래 청정무애(淸淨無碍)한 것인데, 인간 스스로가 자신의 미망에 의해 고통을 받고 있다는 불교적 진리를 노래한 것이기도 하다.

오늘날 우리는 인터넷 토론방과 블로그 등을 통한 커뮤니티의 시대를 살고 있다. 인터넷은 전방위적 소통을 가져다주었지만 익명성으로 인한 구속력 약화로 오히려 소통이 부재하게 된 상황에 놓이기도 한다. 소통과잉으로 인한 소통부재라는 기현상을 목도한다는 것이다. 인간 사회의 소통이 이러할진대, 인간과 자연의 소통은 참으로 요원한 것이 아닐 수 없다. 인간의 오만이 자행하는 환경오염과 자연파괴, 이로 인한 인류의 위기는 먼 후일의 일이 아니다. 자연과 인간의 아름다운 소통, 이것은 우리 시대가 이룩해야 할 최대의 과업이 아닐 수 없다.

5. 미륵을 향해 달려간 사나이

도솔천(兜率天)은 우리에게 매우 익숙한 말이다. 대중가수 정태춘은 '간다, 간다, 나는 간다. 도랑물에 풀잎처럼 인생행로 홀로 떠돌아 간다. 졸린 눈은 부벼 뜨고 지친 걸음 재촉하니 도솔천은 그 어드메냐?(「애고 도솔천아」)'라며 도솔천을 노래했고, '도솔'이 들어간 사찰과 찻집, 심지어 식당의 이름까지 전국에 허다하다. 우리나라 사람들은 무엇 때문에 이토록 도솔천에 열광하는가.

도솔천은 욕계육천(欲界六天) 가운데 하나이다. 즉 사천왕천(四天王天), 도리천(忉利天), 야마천(夜摩天), 도솔천(兜率天), 낙변화천(樂變化天), 타화자재천(他化自在天) 가운데 제4천에 해당한다. 이 세계는 미륵보살이 주재하는 곳으로, 사람들은 이곳에 태어나기를 염원하기도 하고, 미륵보살이 세상에 내려와 이상세계를 펼쳐줄 것을 염원하기도 한다. 미륵보살이 석가모니불로부터 미래에 성불하리라는 수기(授記)를 받았다고 믿기 때문이다.

'도솔'이라는 이름은 『삼국사기』나 『삼국유사』에도 나온다.

『삼국사기』유리왕 5년 조에 의하면 '이 해에 백성들의 풍속이 환강하여[民俗歡康] 비로소 도솔가를 지었는데, 이것이 가악(歌樂)의 시초이다.'라고 하였고, 『삼국유사』「노례왕(弩禮王)」조에는 두 해가 하늘에 나란히 나타나[二日竝現] 인연 있는 스님을 불러 '비로소 도솔가를 짓게 했는데 감탄사가 있는 사뇌격(詞腦格)이다.'라고 한 것이 그것이다. 이때의 도솔가는 흔히 우리가 알고 있는 것처럼, 나라를 다스리는 공동의 노래이다. '도솔'을 '두릿'이나 '다살' 혹은 '두류' 등으로 읽을 수 있기 때문이다.

그런데 시대를 조금 내려와 『삼국유사』「월명사도솔가(月明師兜率歌)」조에 나오는 '도솔'은 유리왕 대의 그것과 같은 맥락이면서도 의미가 사뭇 다르다. 나라를 다스리는 노래인 동시에 미륵보살이 사는 '도솔천'을 염원하고 있기 때문이다. 노래를 불러 나라를 다스리고자 한 것은 유리왕조의 '도솔'과 맥을 같이 하지만, 미륵신앙에 근거한 것은 불교사상으로 더욱 구체화되고 있음을 알 수 있다.

『삼국사기』에는 유리왕 시대에 '풍속환강(風俗歡康)'하여 「도솔가」를 지어 불렀다고 했고, 『삼국유사』에는 경덕왕 시대에 '이일병현(二日竝現)'하여 「도솔가」를 지어 불렀다고 했다. '풍속환강'이 나라의 태평을 의미한다면, '이일병현'은 나라의 재앙을 뜻한다. 이처럼 두 노래가 나라의 다스림과 관련되어 있으니 근본적인 입장에서는 맥을 같이 한다고 하겠다. 그러나 뒤의 것은 재앙을 물리치는 데 불렀던 불교적 내용의 향가라는 내용적인 측면에서 앞의 것과 다르다. 『삼국유사』 「월명사도솔가」조의 관련 기록을 보자.

경덕왕 19년 경자(760년) 4월 1일에 해가 둘이 나란히 나타나서 열흘이 되도록 사라지지 않았다. 일관(日官)이 인연이 있는 스님을 청하여 산화공덕(散花功德)을 베풀면 물리칠 수 있다고 아뢰었다. 이에 조원전(朝元殿)에 단을 청결하게 하고 청양루(靑陽樓)에 행차하여 인연 있는 스님을 기다렸다. 이때 월명사가 밭두둑의 남쪽 길을 가고 있으므로 왕이 사람을 보내 불러서 단을 열고 기도문을 짓게 하였다. 월명이 아뢰기를, '소승은 국선(國仙)의 무리여서 다만 향가를 알 뿐 범패(梵唄, 불교 노래)는 익숙하지 못합니다.'라고 하였다. 왕이 이르기를, '이미 연승(緣僧)으로 점지되었으니 비록 향가라도 좋다.'라고 하였다.

일연은 『삼국유사』에 경덕왕을 자주 등장시킨다. 이에 의하면 경덕왕은 성기의 길이가 8치나 되었으나 아들이 없었고, 이때문에 표훈대사에게 부탁하여 상제께 빌어 아들을 점지해 달라고 하기도 한다. 이뿐만 아니라 충담사(忠談師)를 불러 향가 「안민가(安民歌)」를 짓게 하였고, 땅 속에서 사방불(四方佛)을 캐내었으며, 황룡사에 종을 만들어 걸기도 했다. 일연은 이밖에도 경덕왕대에 일어났던 일을 수집하여 『삼국유사』에 실어 신

● 굴불사지 사방불

라 문화의 난숙기를 특별히 기억하고자 했다. 위의 이야기도 그 가운데 하나이다.

위의 지문에 의하면 두 해가 나란히 나타나[二日竝現] 열흘 동안이나 사라지지 않았다고 했다. 이 '이일병현'에 대해서는 이설이 많지만 경덕왕 시대의 위기적 국면을 상징적으로 보여 준 것이라는 점에 대해서는 의견이 일치한다. 『삼국사기』「경덕왕」조에 의하면 왕족으로서 이찬(伊湌)에 머물러 있던 염상(廉相)이 왕위 계승을 놓고 왕권에 도전한 일이 있었다. 이러한 일이 『삼국유사』「월명사도솔가」조에 '이일병현'으로 나타나며,

그 해결과정에서 「도솔가」가 창작되었다는 것이다. 월명사의 「도솔가」는 이렇다.

> 오늘 여기서 산화가를 부르노니　今日此矣散花唱良巴
> 뽑히어 온 꽃아, 너는　　　　　寶白乎隱花良汝隱
> 곧은 마음의 명이 시키는 대로　直等隱心音矣命叱使以惡只
> 미륵좌주를 모셔라.　　　　　　彌勒座主陪立羅良

일연은 이 노래를 두고 세상에서는 「산화가」라 하나 옳지 못하고, 「도솔가」라고 해야 한다고 했다. 마지막 구절을 특별히 주목하였기 때문이다. 부처님 앞에 꽃을 뿌려 그 공덕을 빌며, 나라의 은총을 입고 있는 화랑[꽃]들은 곧은 마음으로 미륵불을 모셔야 한다고 노래했다. 월명사가 이처럼 「도솔가」를 지어 부르자 얼마 후 하나의 해가 갑자기 사라졌다. 이에 경덕왕은 월명사를 가상하게 여겨 그에게 차 한 봉지와 수정염주 108개를 하사하였다고 한다. 이어지는 『삼국유사』의 다음 이야기를 들어보자.

홀연히 한 동자가 나타났는데 차림이 깨끗하며 무릎을 꿇고 차와 염주를 받아 가지고 전각 서쪽의 작은 문으로 나갔다. 월명은 이 아이가 내궁(內宮)의 심부름꾼이라 생각했고, 왕은 스님의 시자(侍者)라고 생각하였으나 서로 알고 보니 둘 다 아니었다. 왕은 매우 기이하게 여겨 사람을 시

켜 쫓게 하였더니 동자는 내원(內院)의 탑 속으로 사라지고
차와 염주는 남쪽 벽에 그린 미륵보살상 앞에 놓여 있었다.

경덕왕이 차와 염주를 월명사에게 하사하자 이것을 동자가
받아서 나갔는데, 알고 보니 미륵보살이었다는 것이다. 이에
경덕왕은 월명의 지극한 덕과 정성의 결과라고 생각하여 다시
비단 100필을 하사하며 커다란 정성을 표하였다 한다. 월명사
와 경덕왕을 놀라게 했던 동자, 그 아이가 바로 미륵보살이었
던 것이다. 내원, 즉 조원전(朝元殿)의 남쪽 벽화에 그려진 미륵
보살 앞에 차와 염주가 있었다는 것은 바로 이를 말한다.

경덕왕대는 신라의 전성기에 해당한다. 그러나 달이 차면
기울듯이 번성할 때 언제나 위기가 다가온다. 경덕왕이 나라
를 다스리고 있을 당시 신라의 하늘에 두 해가 나타난 것도
번성의 이면에 도사리고 있는 위험을 상징적으로 보여준 것이
다. 오늘날 당권이니 대권이니 하면서 권력을 다투고 있는 우
리의 정치현실을 보면 참으로 답답하다. 어쩌면 월명사 같은
인연 있는 스님이라도 불러 「신도솔가」라도 짓게 해야 할 것
같다. 그러나 백성의 마음이 이미 병들었으므로 신령한 노래
마저 병들었다. 따라서 목청껏 향가를 불러도 이제 부처를 감
동시킬 수 없을 듯해서 자못 슬프다.

● 은진미륵불

6. 슬픔을 응시한 월명사의 눈

『삼국유사』 권5 「감통(感通)·월명사도솔가(月明師兜率歌)」조. 이곳을 펼치면 신라 최고의 향가 작가인 월명사(月明師)를 만날 수 있다. 그는 국선(國仙)의 무리로서 피리를 잘 불었다고 한다. 일연에 의하면, '월명은 언제나 사천왕사(四天王寺)에 살았는데 피리를 잘 불었다. 언젠가 달밤에 피리를 불면서 문 앞의 큰길을 지나가니 달이 그를 위하여 가던 길을 멈추었다. 이로 인해 그 길을 월명리라 이름하였다.'라고 한다.

아득한 옛날 월명사가 피리를 불며 길을 걷는데 그 피리 소리가 하늘을 감동시켜 달마저 가던 길을 멈추었다고 한다. 여기에 월명사[人]와 달[天], 그리고 그것을 잇는 피리 소리[樂]가 있다. '악(樂)'은 '인(人)'과 '천(天)'을 이어주며 이 둘을 소통하게 하는 매개로 작용한다. 이로써 사람의 일은 하늘의 일이 되고, 하늘의 도리가 사람에 의해서 펼쳐지게 된다. '가(歌)' 역시 '악'에 속한다. 이 때문에 일연은 향가에 대하여 다음과 같이 말할 수 있었다.

신라 사람들은 향가를 숭상한 지 오래되었다. 대개 시(詩)와 송(頌) 같은 류일 것이다. 이러한 까닭에 가끔 천지와 귀신을 감동시킨 것이 한두 번이 아니었다.

일연은 향가를 시송(詩頌)의 류로 보고, 시송과 마찬가지로 천지와 귀신을 감동시킨다고 했다. 이 같은 생각이 동양 시학에서는 오래 전부터 있어 왔다. 자하(子夏)의 「모시대서(毛詩大序)」와 종영(鐘嶸)의 「시품서(詩品序)」에서 '천지를 움직이며 귀신을 감동시키는 것으로 시보다 나은 것이 없다.'라고 한 것이 그것이다. 송대 성리학자들에게도 이 생각은 그대로 이어진다. 문장해도론(文章害道論)을 펼쳤던 정이(程頤)마저 그의 『이천경설(伊川經說)』에서 다음과 같이 말한 바 있다.

시란 것은 말을 펼친 것이다. 말이 부족하여 길게 말하게 되는데, 노래로 읊조리는 것[詠歌]은 여기에서 생겨난다. 그것이 진실에서 발생하여 깊이 느껴지게 되고, 자신도 모르는 사이에 손이 춤추고 발이 뛰는 것에 이르게 된다. 이런 까닭에 사람의 마음속으로 깊이 파고들어 지극해지면 천지를 감동시키고 귀신을 감동시킨다.

여기서도 동천지(動天地) 감귀신(感鬼神)이라 하였다. 시는 예술, 넓게는 악(樂)이다. 시는 말을 길게 하는 것이 부족하여 노래로 읊게 된 것이고, 그것이 사람의 마음속으로 깊이 파고들어 결국은 천지와 귀신까지 감동시킨다는 것이다. 고전비평가들은 시의 발생론을 이렇게 이해하고 있었고, 일연 역시 생각을 같이 하여 신라의 향가가 그렇다고 했다. 그 구체적인 예로

월명사의 「도솔가(兜率歌)」와 「제망매가(祭亡妹歌)」를 들었다. 전
자는 하늘에 두 개의 해가 떠오르는 변괴를 사라지게 했고, 후
자는 지전(紙錢)을 서쪽으로 날아가게 했다. 이 가운데 후자인
「제망매가」를 구체적으로 보자.

월명이 일찍이 죽은 누이동생을 위하여 재(齋)를 올리면
서 향가를 지어 제사를 지내자, 홀연히 회오리바람이 일
어나더니 지전(紙錢)이 날려 올라가 서쪽으로 사라졌다. 그
향가는 다음과 같다.

살고 죽는 길은	生死路隱
여기 있으매 머뭇거리고,	此矣有阿米次肹伊遣
나는 간다는 말도	吾隱去內如辭叱都
못다 이르고 갔습니까?	毛如云遣去內尼叱古
어느 가을 이른 바람에	於內秋察早隱風未
여기저기에 떨어질 잎처럼,	此矣彼矣浮良落尸葉如
한 가지에 나고	一等隱枝良出古
가는 곳 모르온저.	去奴隱處毛冬乎丁
아아, 마타찰에서 만날 나	阿也彌陀刹良逢乎吾
도 닦으며 기다리겠노라.	道修良待是古如

월명사가 누이에 대한 간절한 그리움을 향가로 지어 부르니
지전이 서쪽으로 날아 사라졌다고 했다. 서쪽은 다름 아닌 서

● 사천왕사지 당간지주

방정토가 있는 극락이다. 죽은 누이는 오라비 월명사의 간절한 염원으로 서방정토에 갈 수 있었다. 지전이 그것을 증명했는데, 그야말로 '동천지' '감귀신'이다. 누이가 죽어서 지냈다는 '재(齋)'는 다름 아닌 49재이다. 「구사론기(俱舍論記)」에 나오듯이 죽음으로부터 다음의 생을 얻을 때까지의 기간이 49일이다. 이 때 죽은 이의 명복을 빌어 좋은 곳에 태어나게 하는 재를 올리게 되는데, 월명사 역시 49재에 제문을 지어 누이의 명복을 축원하였던 것이다.

월명사는 위의 시 1~4행에서 '생사로(生死路)'를 제시하며 비통한 심정을 나타냈다. 삶이 끝나는 길에서 죽음이 시작되는 길이 열리며, 나 역시 얼마 후 죽음의 길로 가게 될 것이라 했다. 조선 최고의 성리학자 퇴계(退溪) 이황(李滉)은 '고인이 걷던 길이 앞에 있으니 아니 가고 어쩔꼬?(「도산십이곡」)'라고 하며 옛 사람이 걷던 진리의 길을 따라 걷고자 했지만, 승려 월명은 누이의 죽음 앞에서 차마 그렇게 말할 수가 없었다. 삶과 죽음이라는 전혀 다른 길을 제시하며 눈물만 글썽거릴 뿐.

5~8행에서는 '떨어지는 잎새'를 제시하며 슬픔을 냉정히 바라보았다. '이른 바람'은 누이의 요절(夭折)을 의미한다. 그리고 동기간을 나뭇잎에 비유했다. 여기서 우리는 월명사의 인간 이해 방법을 알게 된다. 즉 인간이라는 나무에 어버이로 상징되는 '한 가지', 그리고 거기서 피어난 나뭇잎인 자녀로서의 너와 나를 인식하고 있었던 것이다. 어느 가을 이른 바람에 떨어진 너이지만 가을을 맞은 나 역시 어디로 갈지 모르는 채 가지에 맺혀 있다고 했다. 월명사가 비통한 심정을 감추고 냉정한 눈으로 죽음을 응시하고 있다는 것을 알 수 있다.

9~10행에서는 '미타찰'로 종교심을 드러냈다. 누이의 죽음으로 인해 흔들렸던 마음은 잠잠해지고 청정한 마음이 되었다. 이 때문에 도를 닦으며 너를 만날 날을 기다린다고 말할 수 있었다. 인간의 감정이 부처의 마음으로 변한 것이다. 이 같은 대전환은 도대체 어디서 온 것일까? 월명사에게는 죽음을 응시한 냉정한 눈이 있었기 때문에 가능했을 것이다. 슬픔을 직시하면서 슬픔을 걷어내고, 허무를 직시하면서 허무를 걷어냈기 때문이다. 그것은 개안(開眼)이며 관통(貫通)이다. 나도 너처럼 떨어질 잎이라는 성찰, 슬픔과 허무를 직관하는 냉정한 눈, 거기서 종교적 구원의 세계가 열린 것이다.

월명사를 통해 우리는 슬픔과 허무 너머에 있는 종교적 구원을 보았다. 그러나 우리는 가을바람 앞에서도 천년의 푸르

름을 꿈꾼다. 여기에 인간의 욕망과 미련이 개입한다. 시인 박제천은 「월명」이라는 시에서 '수만의 나뭇잎들이 떠나가는 그 길을 나도 한줄기 바람으로 따라나선다. 때에 절은 삶의 무게 허욕에 부풀은 마음의 무게로 뒤처져서 허둥거린다.'라고 한 바 있다. '때에 절은 삶의 무게'와 '부풀은 마음의 무게'는 인간의 속된 욕망과 미련을 의미한다. 우리는 지금 또 얼마나 많은 욕망과 미련의 무게들로 허둥대고 있는가!

7. 혜공과 원효의 도술겨루기

『삼국유사』 의해편(義解篇), 여기에는 주로 신라의 뛰어난 학승과 율사들의 전기가 소개되어 있다. 위대한 능력을 갖추고 있지만 보통사람들처럼 사는 사람들이 많이 나타난다. 그 가운데서도 「이혜동진(二惠同塵)」은 대표적이다. '이혜'는 '혜'자를 지닌 두 명의 스님으로 '혜숙(惠宿)'과 '혜공(惠空)'을 뜻하고, '동진'은 불교에서 흔히 부처·보살이 중생을 제도하기 위해 본색을 감추고 인간계에 섞여 나타나 중생을 제도한다는 화광동진(和光同塵)을 줄인 표현이다. 즉, 혜공과 혜숙이 그들의 빛을 감추고 세속의 사람들과 함께 어울려 살면서 중생을 제도한다는 의미이다.

혜숙은 원래 화랑 호세랑(好世郎)의 무리였다. 그러나 홀연히 자취를 감추고 지금의 안강읍인 적선촌(赤善村)에서 20년이 넘도록 숨어서 수도를 하였다. 언젠가 당대에 명망이 높았던 국선 구참공(瞿旵公)이 적선촌 쪽으로 사냥을 왔기 때문에 함께 사냥을 하고, 잡은 고기를 구워서 나누어 먹었다. 이때 혜숙이 구참공에게 다가가 더 맛있는 고기가 있다며, 자신의 넓적다리 살을 베어서 소반에 담아 바쳤다. 구참공이 기겁을 하고 이것이 무슨 짓이냐며 나무라자 혜숙은 이렇게 말했다.

> 처음에 나는 공이 어진 사람이라 능히 자신의 몸을 아끼는 것처럼 다른 물건을 아끼는 줄 알고 따라왔습니다. 그런데 지금 공이 좋아하는 것을 보니, 오직 죽이는 것만을 좋아하여 짐승을 잡아 자기 몸만 봉양할 뿐입니다. 어찌 어진 사람이나 군자가 할 일이겠습니까? 이는 우리의 무리가 아닙니다.

혜숙은 말을 마치자 옷을 털고 나가버렸다. 구참공은 한편으로 부끄럽고 한편으로 괴이하여 혜숙이 먹던 것을 자세히 살펴보니 소반 위에 고기가 그대로 있었다. 서라벌로 돌아온 구참공은 이러한 사실을 조정에 아뢰었고, 조정에서는 사자를 시켜 그를 찾게 하였으나 그의 행적은 종잡을 수가 없었다. 혜숙이 갑자기 죽어 이현(耳峴) 동쪽에 장사지냈을 때도, 서쪽에서 마을로 들어오는 사람이 다른 지방으로 가는 혜숙을 만나

이야기를 나누었다. 그 사람이 혜숙의 장사를 지내는 곳으로 가서 자기가 본 일을 말하고 혜숙의 무덤을 파보니 시체는 없고 짚신 한 짝만 남아 있었다.

혜공은 속명이 우조(優助)로 천진공(天眞公)의 집에서 품팔이를 하던 노파의 아들이었다. 그는 어릴 때부터 병으로 죽게 된 천진공을 낫게 하는 등 많은 이적을 행하였다. 혜공은 출가하고 난 다음의 부르게 된 우조의 법명이다. 그는 조그마한 절에 살면서 미친듯이 술에 취하여 삼태기를 메고 거리를 돌아다니면서 노래하고 춤추니 사람들은 그를 부궤화상(負簣和尙), 즉 삼태기중이라 불렀다. 그리고 매양 절의 우물 속에 들어가면 몇 달씩이나 나오지 않는 등 많은 이적을 보이면서 대중들과 함께 했다.

혜숙과 혜공은 모두 원효에 앞선 사람으로 신분은 낮았다. 그러나 상층이 지니지 못한 탁월한 능력을 지녔고, 마침내 부처가 된 사람들이다. 아니 원래 부처였는데 화광동진(和光同塵)하였던 것이다. 괴이한 행동을 하며 중생을 제도하였고, 죽을 때도 신이함을 보였다. 특히 혜공이 삼태기를 메고 거리를 떠돌며 노래하고 춤추는 행태는 원효의 그것과 비슷하고, 원효가 자주 찾아가 불경의 긴요처를 물었다고 하니 그의 선사(禪師)적 위치를 알 수 있다. 지금의 포항시 오천읍 항사리에 있는 오어사(吾魚寺)의 연기설화도 이들 사이에서 생성된 것으로 보이는데, 『삼국유사』에 전하는 구체적인 내용은 이러하다.

혜공은 만년에 항사사(恒沙寺)에 살았다. 지금의 오어사다. 이때 원효가 여러 가지 불경의 소(疏)를 찬술하고 있었는데, 언제나 혜공에게 가서 묻고 혹은 서로 희롱하기도 했다. 하루는 혜공과 원효가 시냇가에서 고기를 잡아서 먹고는 돌 위에서 똥을 누었다. 혜공이 그 똥을 가리키며 '너는 똥을 누고 나는 고기를 누었다.(汝屎吾魚)'라고 말했다. 이 때문에 '오어사'가 되었다. 어떤 사람은 원효가 말한 것이라 하나 잘못된 것이다.

여기서 혜공은 '여시오어(汝屎吾魚)', 즉 '네가 눈 것은 똥이고 내가 눈 것은 고기'라고 희롱하면서 성격이 활달한 젊은 원효를 일깨워주고 있다. 물을 독사가 먹으면 독이 되고 젖소가 먹으면 우유가 된다는 것과 같은 논리로, 고기도 어떤 사람이 먹는가에 따라 냄새나는 똥이 되기도 하고, 살아 있는 고기가 되기도 한다는 것이다. '여시오어'에 대해서는 이설이 많다. '네가 눈 똥은 나의 고기'라 해석하기도 하고, 원효가 오어사의 전신인 항사사(恒沙寺)에서 광언(狂言)을 했다는 '항사광언(恒沙狂言)'을 근거로 원효의 이야기라고 하기도 하나, 원효보다 한 세대 앞선 혜공이 원효에게 한 이야기로 보는 것이 무난할 것 같아 우선 이렇게 적어둔다. 오어사 연기설화는 다음과 같이 확장되기도 한다.

혜공과 원효가 물고기를 잡아먹고 똥을 누었더니 혜공

의 똥에서 살아 있는 물고기가 나왔다. 혜공은 이를 가리켜 '내 고기'라고 말했다. 이 때문에 오어사라 이름 지었다.

혜공과 원효가 함께 오어사의 계곡에 와서 고기를 잡아 먹고 물에 똥을 누었다. 고기 두 마리가 거기서 나와 한 마리는 물을 거슬러 올라가고 다른 한 마리는 물을 따라 떠내려갔는데, 올라가는 고기를 보고 서로 자기(吾)의 고기(魚)라고 한 데서 사찰의 이름이 생겼다.

첫 번째 이야기는 『신증동국여지승람』 「영일현(迎日縣)·불우(佛宇)」 '오어사(吾魚寺)'조에 전하는 것인데, 여기서는 『삼국유사』의 이야기가 많이 변이된 것을 알 수 있다. 즉 『삼국유사』의 '여시'와 '오어'가 상징적인 의미로 쓰인 데 비해, 여기서는 '오어'를 혜공의 똥에서 진짜 고기가 살아났다고 하여 '오어사'라 이름 지었다고 했다. 이는 혜공이 신이한 행적을 많이 남겼다는 이야기와 무관하지 않다. 공중에 뜬 상태에서 입적

● 오어사 일주문

하였고, 사리는 헤아릴 수 없이 많았으며, 빗속을 걸어가도 비에 젖지 않았고, 우물 속에서 몇 달을 지내도 젖지 않았다는 등의 이야기가 그것이다. 이 같은 신이한 행적이 『삼국유사』이야기와 결부되면서 많이 변화된 것이다.

두 번째 이야기는 첫 번째보다 더 많은 변이를 보이는 것으로, 현재 구전의 강도가 가장 높은 설화이다. 여기에는 경쟁이 있다. 고승 혜공과 그의 제자 원효는 혜공이 만년에 항사사에 살았을 무렵 만났다. 진덕여왕(647~653)대 쯤으로 추측된다. 이 시기 원효는 30대 초에서 중반이었고, 『삼국유사』의 기록에 보이듯이 매취사질의(每就師質疑), 즉 스승 혜공에게 나아가 많은 것을 질의했다 하니 원효가 혜공에게 많은 것을 배운 것으로 보인다. 둘 다 성품이 활달하고 행동에 막힘이 없는지라 민중은 이들이 도술 경쟁을 하였다고 보고, 제자 원효 역시 스승 혜공에게 절대 뒤지지 않았을 것이라고 생각했다. 이 때문에 위로 올라가는 고기를 스승과 제자가 서로 내 고기(吾魚)라고 했다고 전하는 것이다.

혜공과 원효의 이야기는 여기서 훨씬 벗어나 조선시대의 유학자들에게 적용이 되기도 한다. 남명(南冥) 조식(曺植, 1501~1572)과 퇴계(退溪) 이황(李滉, 1501~1570)이 바로 그들이다. 남명과 퇴계는 영남을 대표하는 유학자로 낙동강을 중심에 두고 좌우에서 서로 학단을 형성하고 있었다. 이들은 같은 영남지방에 살았지만 여러 측면에서 경쟁하였다. 이 때문에 다양한 설화가 만들어지기도 했다. 그 가운데 하나가 남명과 퇴계가 도술로 경쟁하는 다음 이야기다.

> 남명과 퇴계가 지금의 세심정(洗心亭) 근처에서 도술시합을 하였다. 시천(矢川)의 고기로 회를 쳐서 먹고 그것을 다시 뱉어내어 살리는 쪽이 이기는 시합이었다. 퇴계가 고기를 한참 씹다가 먼저 뱉어내었는데, 살기는 하였으나 눈이 한 쪽으로 돌아가고 말았다. 본래의 상태에서 많이 훼손되었을 뿐만 아니라 힘없이 떠내려갔다. 이를 보고 남명은 웃으면서 역시 고기를 한참 씹다가 뱉어냈다. 그러자 남명의 물고기는 두 눈이 온전할 뿐만 아니라 힘차게 물을 거슬러 올라갔다.

경남 산청군 시천면에서 구비전승되고 있는 이야기다. 지금의 덕천서원 일대에서 전해지는 것이니 남명과 퇴계의 경쟁에서 남명이 이겼다고 하지 않을 수 없다. 덕천서원은 남명학파의 본거지이기 때문이다. 남명과 퇴계를 경쟁자로 설정해 두고 그 경쟁의 방법은 회를 먹고 다시 뱉어내는 것이었다. 여기서 남명이 먹다 뱉어낸 고기가 물을 거슬러 올라갔다고 했으니 남명이 이긴 것이다. 이 이야기는 덕천강 주변에 있는 '먹던 껍지 뱉어내기' 설화 및 오어사의 사찰연기 설화와 서로 착종되면서 남명과 퇴계의 도술겨루기 이야기로 변형된 것이라 하겠다.

• 덕천서원

　여기서 우리는 『삼국유사』의 다양한 이야기가 종교적 차원을 초월하여 광범위하게 우리 민족사에서 작용하고 있다는 것을 알게 된다. 혜공과 원효가 남명과 퇴계로 그 이름이 바뀌고, 똥을 누었던 것이 아니라 입으로 물고기를 씹다가 뱉어냈다고 한 것이 그것이다. 오어사 설화가 남명과 퇴계의 도술겨루기 이야기로 발전하면서도 혜공과 원효의 이야기와는 다르게 우열을 분명히 설정했다. 지역의 사정을 반영한 것이다. 우리는 여기서 『삼국유사』 이야기의 생명력이 얼마나 강한가 하는 것을 다시 확인하게 된다.

8. 벗과 걷는 진리의 길 풍류의 길

우리는 흔히 진리를 함께 찾는 벗을 도반(道伴)이라 한다. 이렇게 벗과 함께 공동선을 향해 나아가는 것은 참으로 의미 있는 일이다. 이익에 따라 모였다 흩어지는 우리 시대의 우도(友道)에 견주어 볼 때 더욱 그러하다. 일찍이 『논어』에서 증자가 이야기하지 않았던가. '군자는 학문으로써 벗을 모으고, 그 벗으로써 인을 돕는다.(以文會友 以友輔仁)'라고! 이처럼 도(道)를 밝히고 덕(德)으로 나아가기 위해서 도반은 반드시 필요하다.

도반에게는 풍류(風流)도 있어야 한다. 최치원은 「난랑비서(鸞郎碑序)」에서 우리나라에는 현묘(玄妙)한 도가 있으니, 이를 '풍류'라 한다고 했다. 화랑도의 다른 이름이 풍류도(風流徒)이기도 하다. 이들은 산천을 유람하고 악기를 연주하면서 정신을 수양했다. 중국의 고사이기는 하나 백아(伯牙)의 거문고 소리를 듣고 종자기(鍾子期)가 벗의 마음을 바로 이해했던 것도 풍류의 높은 경계가 아닐 수 없다.

주자(朱子)의 말을 응용해보면, 진리의 길은 긴수작(緊酬酌)이고 풍류의 길은 한수작(閑酬酌)이다. 우리는 긴수작으로만 살 수가 없듯이 한수작만으로도 살 수가 없다. 긴수작은 스스로를 반듯하게 하나 경직될 수 있고, 한수작은 스스로를 자유롭게 하나 방탕으로 흐를 수 있다. 이 둘의 적절한 조화야말로 이성과 감성이 융화되면서 보다 높은 자아를 실현케 한다. 그러니

까 진리의 길을 추구하면서도 풍류의 길 역시 함께 가야 한다
는 것이다. 도반은 바로 이를 함께 하는 사람이다.

일연에 의하면 비슬산에 도반이 여럿 있었다 한다. 관기(觀機)와 도성(道成)은 그 대표적이라 할 만하다. 이들의 이야기가 『삼국유사』 「피은」에 실려 있는 것으로 보아, 인간세상과 교분을 맺지 않고 진리를 찾아 숨어 지냈던 자들임에 틀림이 없다. 이들이 무엇 때문에 세상을 피해 숨어 살았는지는 알 수 없으나, 일연이 전하는 『삼국유사』의 다음 대목을 보자.

신라시대에 관기와 도성이라는 두 분의 성사(聖師)가 살았다. 어떤 사람인지는 알 수 없으나 함께 포산(包山, 비슬산)에 숨어 살았다. 관기는 남쪽 고개에 암자를 지어 살았고, 도성은 북쪽 굴에 살았다. 서로 10여 리 가량 떨어져 있었는데, 구름을 헤치고 달을 노래하면서 서로 내왕하였다. 도성이 관기를 부르고자 하면 산 속의 나무들이 모두 남쪽을 향해 굽히며 마치 벗을 맞이하는 것 같이 하였으므로 관기는 이것을 보고 도성에게로 갔다. 관기가 도성을 맞이하고자 하면 마찬가지로 모든 나무가 북쪽으로 구부러졌다. 그러면 도성이 곧 관기를 찾았다. 여러 해를 이같이 했다.

이 이야기는 두 가지의 회통(會通)을 말하고 있다. 하나는 사람과 사람의 회통이고, 다른 하나는 사람과 자연의 회통이다.

● 도성암 삼층석탑과 관기봉

● 도성암 대웅보전과 도성암(道成巖)

사람들과의 회통은 도반끼리 이루어진다. 관기와 도성은 도를 함께 나누는 벗으로서 서로 마음을 같이하는 사이다. 『주역』에서 '두 사람의 마음이 같으니 그 예리함이 금석을 자를 수 있고, 같은 마음에서 나오는 말은 그 향기가 난초와 같다.(二人同心 其利斷金 同心之言 其臭如蘭)'라 하였는데, 바로 이 경우에 해당한다.

동심(同心)이 만들어내는 회통은 결국 인간과 자연을 화해시킨다. 북쪽 동굴에 살았던 도성이 남쪽 암자에 사는 관기가 보고 싶으면 나무가 남쪽으로 읍(揖)을 하고, 또한 도성이 관기를 보고자 하면 나무가 북쪽으로 읍을 하였다는 것이 그것이다. 관기와 도성의 마음을 알아 나무들이 벗을 영접하는 듯하였으니, 인간과 자연 사이에 어떤 간극도 발생하지 않는다. 관기와 도성의 마음이 바로 자연의 마음이었던 것이다.

나는 여기서 관기와 도성이 서로를 찾았을 10리의 길을 생각한다. 일연은 경쾌한 발걸음으로 벗을 찾아간 길을 '피운소월(披雲嘯月)'이라는 압축적 언어로 표현하였다. 구름을 헤치고 달빛을 노래한다는 것이다. 구름을 헤치고 달빛을 노래하며 벗을 만나러 가는 길, 그 풍류는 생각만 해도 가슴이 설렌다. 일연도 이 대목에서 한 수의 시가 없을 수 없었다.

달빛 밟고 왕래하며 운천(雲泉)을 희롱하던,	相過踏月弄雲泉
두 선사의 풍류는 몇 백 년이나 되었을까?	二老風流幾百年

연하(煙霞) 가득한 골짜기에 남은 고목만이,　　滿壑煙霞餘古木

굽힌 듯 일어선 듯 찬 그림자가 서로를 맞이하네.　偃昻寒影尙如迎

첫째 구에서 관기와 도성이 10리 길을 왕래하는 과정을 제시했다. 구름을 헤치고 달빛을 노래하던 두 사람을 생각한 것이다. 이 때문에 둘째 구에서 자연스럽게 '풍류'를 떠올릴 수 있었다. 그들의 마음을 전하던 나무는 이제 고목이 되었지만, 마지막 구에서 보이는 것처럼, 나무 그림자를 통해 일연은 아직도 두 사람이 서로 만나는 것을 보았다. 같은 마음으로 진리의 길과 풍류의 길을 걸었으므로 이들은 결국 세속의 몸을 버리고 성도(成道)할 수 있었다. 다음을 보자.

도성은 그가 거처하는 곳 뒤편의 높은 바위 위에서 언제나 좌선을 하고 있었다. 하루는 바위틈에서 몸이 솟구쳐 나와 허공으로 올라가버렸는데 간 곳을 알 수 없었다. 어떤 사람들은 수창군에 가서 세상을 떠났다고 했다. 관기 또한 그 뒤를 따라 세상을 떠났다. 두 거룩한 스님의 이름으로써 그들이 살던 곳의 이름을 붙였는데 지금도 그 터가 모두 남아 있다. 도성암(道成巖)은 높이가 몇 길이나 되는데 후인들이 그 굴 아래에 절을 지었다.

도성과 관기의 죽음과 그 유적을 기록한 것이지만 '성도'를 이렇게 나타낸 것이다. 높은 바위 위에서 항상 좌선하던 도성,

그는 어느 날 바위틈에서 몸을 솟구쳐 허공으로 올라갔다. 이쯤 되면 자신의 몸에 구애될 필요가 없고 정신이 비로소 자재할 수 있게 된다. 따라서 도성은 그의 유체(遺體)를 지금의 달성군과 대구시를 포괄한 지역인 수창군 어디 쯤엔가 버렸고, 관기 역시 도성의 뒤를 따라 자재한 정신세계를 가질 수 있게 되었다.

비슬산에 은거하면서 진리의 길과 풍류의 길을 함께 한 도성과 관기! 이들은 바위에 높게 앉아 매서운 참선을 하면서도 10리 길을 오가며 서로의 정을 나누었다. 우리에게 칼날 같은 이성이 중요하듯이 따뜻한 감성 역시 소중하다. 사실 이 둘에서 자유로울 때, 우리는 세속에 있으면서도 세속에서 벗어나 자유롭게 된다. 이상은 비슬산 도성암에서 관기봉을 보며 잠시 생각해 본 진리와 풍류의 이중구조였다.

문명, 그 빛에의 갈망

1. 천부인, 문명을 밝히는 도구들

일연의 『삼국유사』가 지니는 공적이 다양하지만 무엇보다 단군신화를 전하고 있다는 것을 대표적인 예로 들지 않을 수 없다. 즉 일연은 국조신화인 단군신화를 첫머리에 실어놓고 우리 민족의 태초를 알리고자 했던 것이다. 이 신화는 우리 민족이 외적으로부터 수난을 당할 때마다 민족의 동질성을 확보하는데 더없이 중요한 역할을 하였다. 단군의 자손으로서 한 민족임을 확인하고 위난의 시기를 극복하는 데 이 신화가 중요하게 작용하였다는 것이다.

단군신화는 수없이 이야기 되어왔고, 학자들은 다양한 측면에서 이를 분석해 왔다. 단군신화의 내용을 중심으로 해서 구조를 분석한 글이 있는가 하면, 『삼국유사』·『제왕운기』·『세

종실록지리지』·『동국여지승람』·『응제시주』·『해동역사』·
『조선세기』 등에 전하는 단군신화를 소개하면서 유형을 분류
하기도 했다. 그리고 국내·외의 다른 건국신화와 비교하는
비교문학적 측면에서 쓴 글도 여럿 있다.

단군신화의 요지는 환인의 아들 환웅이 지상으로 내려와 곰
이 변하여 된 웅녀와 혼인을 하여 단군을 낳았는데, 그 단군이
고조선을 세웠다는 것이다. 이 이야기에서는 인간이 중심을
이룬다. 천신적 존재인 환웅이 인간세상을 그리워하였고, 곰과
호랑이도 인간이 되고 싶어 했으며, 후대의 숭배대상도 인간
으로 태어난 단군이었던 사실에서 이를 확인할 수 있다. 이처
럼 단군신화에는 인본주의가 굳게 자리 잡고 있었다.

나는 천신(天神)의 징표인 천부인(天符印)을 주목한다. 이것은
환웅이 천하에 뜻을 두고 인간세상을 다스리고자 했을 때, 태
백산이 바로 나라를 세울 만하다고 하면서 환인이 준 것이다.
여기에 단군신화를 훨씬 뛰어넘는 수양론적 상상력이 개입될
수 있다. 천부인은 하늘의 권위를 상징하는 신표로서 거울과
칼과 방울이라 하기도 하고, 풍백(風伯)·운사(雲師)·우사(雨師)
라고 하기도 한다. 그리고 어떤 이는 하늘(○)·땅(□)·사람(△)
이라 하기도 한다.

천부인이 정확히 무엇을 의미하는지는 알 수 없다. 그러나
단군왕검을 상고의 제사장으로 생각하는 것이 일반적이니, 천
부인도 제사장이 사용하는 무구(巫具)로 알려져 있는 거울과

칼, 그리고 방울로 여겨져 왔다. 그런데 이 세 가지 물건들을 조선시대의 선비들이 수양론적 측면에서 중시하였다는 사실을 염두에 둘 필요가 있다. 선비들은 단군신화와 거리가 먼 사람들이라고 하겠는데, 의외로 이들의 사상 이면에는 이 셋이 뚜렷하게 각인되어 있었던 것이다.

먼저, '거울'을 보자. 거울은 모든 사물을 비추는 역할을 한다. 거울이 흐려지면 이미 그것은 거울의 기능을 상실한 것이다. 밝은 것이 거울의 본래 면목이니 사람들은 마음을 거울에 견주어 생각했다. 이 때문에 밝지 못하면 이미 마음의 기능을 상실한 것으로 보았다. 조선 후기 실학자 가운데 성호(星湖) 이익(李瀷, 1681~1763)이라는 분이 있었다. 그는 『성호사설(星湖僿說)』에서 '마음(心)'에 대하여 설파한 적이 있다. 그 일부를 들어보면 이렇다.

• 청동거울

사람이 방 안에 있는 것이 마치 마음이 몸 안에 있는 것과 같다. 행동과 언어에 주장이 존재해 있는 까닭에 군(君)이라 하는데, '천군(天君)이 명령하면 온몸이 그 명령을 따른다.'는 것이 바로 그것이다. 거울은 본래 밝지만 먼지가 앉으면 어두워지고 어둠을 제거해야 원상태로 돌아가게 된다. 이 때문에 주자(朱子)는 시를 지어 이렇게 읊조렸다.

보배로운 거울이 처음에 마음을 비추어 맑았더니, 寶鑑當年照膽寒
근래에 매우 심하게 매몰되고 말았구나.　　　向來埋沒太無端
이제 때를 모두 없애고 온전히 밝아지니,　　　如今垢盡明全見
다시 처음의 보배로운 거울 보게 되었도다.　　還得當年寶鑑看

　성호는 사람에게는 천군이 있다고 했다. 천군은 곧 마음이다. 이 때문에 마음은 거울처럼 항상 맑고 밝아야 한다. 성호가 주자의 시를 인용한 이유도 바로 여기에 있다. 주자가 이야기하는 '보배로운 거울'은 다름 아닌 마음이다. 그러나 이 마음은 욕심으로 티끌이 생겨 어두워지니 항상 조심하여 갈고 닦아야 한다고 보았다. 두루 알고 있는 『명심보감(明心寶鑑)』이라는 책도 '마음을 밝히는 보배로운 거울'이라는 뜻이다. 즉 거울을 보고 얼굴을 살피듯이, 이 책을 보고 마음을 살피라는 것이다.

　다음은 '칼'과 '방울'을 보자. 조선중기에 남명 조식이라는 선비가 있었다. 그는 '거울' 같은 맑은 마음을 유지하기 위하여 항상 '칼'과 '방울'을 허리춤에 차고 다녔다. 이미 오래 전에 신화시대가 끝이 나고, 논리와 합리가 중시되는 시대를 살았던 남명은 이들 신성징표들을 오히려 유가적 수양도구로 삼았던 것이다. 그는 칼과 방울의 이름을 각각 경의검(敬義劍)과

성성자(惺惺子)라 하였는데 다음 기록을 보자.

남명 조문정공(曺文貞公)의 칼이 두 자루 있는데, 길이는 한 자쯤 되고 자루는 무소뿔 및 상아로 만들었다. 자루에는 교룡(蛟龍) 두 마리를 새겼는데 머리를 엇갈리게 하였다. 양쪽 옆에는 해서체(楷書體)로 '안으로 밝게 하는 것이 경이요, 밖으로 결단하는 것이 의다.'라는 명(銘)을 새겼는데, 다룬 가죽으로 칼집을 만들었다. 아마 평소에 차고 다니시던 것일 터인데도, 그 광채가 마치 숫돌에서 새로 갈아낸 듯하다고 한다.

옷섶에 방울을 차고 성성자(惺惺子)라 일컬었는데, 이것은 마음을 불러서 깨우치는 공부였다. 김우옹에게 이 방울을 주며, "이 물건이 맑은 소리로 사람을 깨우쳐 줄 줄을 안다. 차고 다니게 되면 매우 좋은 것을 알게 될 것이다. 내 귀중한 보배를 너에게 주나니 네가 능히 이것을 지니겠느냐?"라고 하였다.

앞의 글은 남명의 칼에 관한 기록으로 『진양속지(晉陽續誌)』에 전하며, 뒤의 글은 방울에 대한 기록으로 『남명집』에 전한다. 남명은 경의검이라는 칼로 항상 부조리한 것을 척결하면서 실천을 단행하고자 했고, 성성자라는 방울의 소리를 들으며 마음을 깨우쳐 조금의 잡티도 없게 하고자 했다. 움직일 때

● 복원된 남명의 '경의검'과 '성성자'

마다 나는 방울 소리를 들으며 인욕에 의해 흐려진 마음을 맑게 하고, 칼을 어루만지면서 과단성 있는 사회적 실천을 다짐했던 것이다.

환인이 환웅에게 주었다는 신성의 징표, 거울과 칼과 방울! 그 거울에는 하늘의 햇살이 흐르고, 칼에는 하늘의 권능과 위용이 있으며, 방울에는 하늘의 맑은 울림이 있다. 이 같은 상징성 때문에 선비들은 이것을 수양도구로 삼을 수 있었는지 모른다. 선비들은 하느님[上帝]이 마음에 깃들어 있다고 생각했다. 그리고 이 상제가 우리의 몸을 주재한다고 여겼다. 이 때문에 마음은 거울처럼 항상 맑고 밝아야 하며, 그렇지 못할 때 마음은 크게 혼란에 빠지고 만다고 생각했다. 주재자가 없어지기 때문이다.

요즘 주위를 돌아보면, 그 자신이 스스로의 주인인 사람이 드물다. 명철한 주재자를 갖고 있는 사람이 없다는 것이다. 돈과 명예 등의 외물(外物)에 온통 마음을 빼앗겨 어디로 가는지도 모르지만 헉헉대며 달려가고 있다. 그러나 단언컨대 당신이 달려가는 그곳에는 아무 것도 없다. 하여 공허와 후회만 남을 뿐이다. 우리들 마음속에 상제를 모실 일이다. 거울 같은 맑은 내면에 하늘의 빛이 흐르게 하고, 칼의 반듯함과 맑은 방울소리를 유지할 수 있어야 한다. 상제는 비로소 그곳에 내림(來臨)하신다.

2. 팔공산에 세운 오동나무꽃 절

팔공산은 대구 사람에게 대단히 중요한 의미를 지닌다. 신라시대부터 이 지역의 주산으로 '중악(中嶽)' 혹은 '부악(父嶽)'으로 칭송받으며 한반도 중남부 문화를 주도해 왔기 때문이다. 팔공산은 신라 때부터 '공산'이라 불렸다. 그렇다면 왜 '공산'이라 하였을까? 이런 저런 추측이 있다. 대표적인 것을 몇 개 들어보자. 우선 우리 민족의 토템이 곰이었던 것을 염두에 두어 '곰산'이 변하여 '공산'이 되었다는 설이다. 충청도의 '곰주'가 '공주'로 된 것과 같은 이치라는 것이다. '꿩산→꽁산→공산'이라는 설도 있는데, 고대에 해안현 일대가 '치수화(雉首火)'였던 것을 염두에 둔 가설이다. '수화(首火)'는 '수풀[숲]'의 이두식 표기이다. 동화사 너머에 신녕면 치산리(雉山里)가 있으니 어느 정도 설득력을 확보하고 있는 것으로 보인다.

이 공산에 '팔(八)'을 더하여 '팔공산'이라고 한 명칭은 1530년에 편찬된 『신증동국여지승람』에 비로소 등장한다. 그 이유도 여러 가지다. 첫째, 여덟 장군이 순절했기 때문이라는 설이다. 고려 태조 왕건이 견훤과의 싸움인 동수대전에서 신숭겸,

김락 등 여덟 장군을 잃은 데 기원한다는 것이다. 둘째, 팔간자를 봉안했기 때문이라는 설이다. 신라 왕자인 심지대사가 속리산에서 부처의 팔간자를 영심으로부터 받아와 동화사에 봉안한 데 기인한다는 것이다. 셋째, 여덟 군에 걸쳐 있는 산이기 때문이라는 설이다. 대구, 영천, 신령, 칠곡 등 여덟 군이 이 산을 함께 공유한다는 것이다. 넷째, 여덟 성인이 득도하여 나온 산이기 때문이라는 설이다. 원효의 제자 여덟 사람이 팔공산에 들어와 수도한 사실을 바탕으로 한 것이다. 다섯째, 중국의 지명에서 따온 것이라는 설이다. 중국 안휘성 회남시(淮南市)에 팔공산이 있는데 이 산에서 왕건과 견훤의 싸움과 비슷한 전쟁이 있었으므로, 모화사상에 경도된 사람이 이 지명에서 따왔다는 것이다.

그런데, 『삼국사기』에 의하면 신라시대 이래 이 산을 부악(父岳, 아버지산)이라 하였다고 한다. 공산을 무엇 때문에 부악이라 하였을까? 이에 대한 설 역시 여러 가지다. 어떤 사람은 공악(公岳)이 잘못 새겨진 것이라 하기도 하고, 신라의 오악 중 중악(中岳)이 가장 중심적인 산을 의미하므로 '부(父)'를 썼을 가능성이 있다고도 하며, 미륵신앙과 관련하여 금산사가 있는 전라북도의 모악산(母岳山)과 일정한 연관성이 있는 것으로 설명하기도 한다. 또 어떤 사람은 대구가 김씨 족단(族團)의 발상지이니, 이들이 경주로 들어가기 전 팔공산 기슭에 정착했고, 따라서 그 후 팔공산을 '부악'으로 불렀을 가능성이 있다고 했다.

　　팔공산을 부악이라 하였으니, 곧 아버지산이다. 이 아버지산
이 안고 있는 수십 개의 사찰 가운데 동화사(桐華寺)는 그 대표
적이다. 과거에는 31대 본산의 하나였으며 지금은 대한 불교
조계종 제9교구 본사이다. 대구시에서 동북쪽으로 약 22km 거
리에 있는 이 절은 팔공산의 남쪽 기슭에서 고봉준령들에 의
해 병풍처럼 둘러 싸여진 천하의 명당에 위치하고 있다. 493년
극달(極達)이 창건하여 유가사(瑜伽寺)라 하다가, 832년 심지(心地)
에 의해 중창되었다. 중창 당시 겨울철인데도 절 주위에 오동
나무꽃이 만발하였으므로 동화사라 고쳐 불렀다 한다. 그러나
극달의 동화사 창건연대인 493년은 신라가 불교를 공인하기

● 동화사 봉서루

이전의 시기이므로 법상종(法相宗)의 성격을 띤 '유가사'라는 절 이름이 붙여질 수 없다는 이유로 심지가 창건했을 가능성이 높다는 주장이 제기되고 있다.

그렇다면 '심지'란 어떤 인물이며 동화사와 무슨 관련이 있을까?『삼국유사』권4「심지계조(心地繼祖)」조를 중심으로 살펴보도록 하자. 심지는 신라 41대 헌덕대왕(憲德大王)의 셋째 아들이다. 나면서부터 효성과 우애가 있었고 천성이 맑고 지혜가 있었다 한다. 그는 15세 되던 해 머리를 깎고 팔공산에서 부지런히 수도를 하였다. 정진 중 속리산 길상사의 영심(永深)이 그의 스승 진표율사(眞表律師)로부터 깨달음을 검증받는 법회를 연다는 소식을 들었다. 이 법회에 불골간자(佛骨簡子)가 전해지게 되는데 심지는 여기에 참여하기로 마음먹고 찾아갔으나 이미 날짜가 지나가버려 참례할 수가 없었다. 그러나 심지는 거기에 개의치 않고 땅에 엎드려 참례를 하게 되었다. 법회 7일째 되던 날에는 마침 진눈깨비가 심하게 내렸는데 심지의 둘레 10자에는 눈이 내리지 않았다. 이것을 신기하게 여긴 스님들은 심지를 당으로 안내했다. 그러나 심지는 굳이 사양하고 당을 향해 조용히 예배할 뿐이었다.

법회가 끝나고 팔공산으로 돌아가는 도중 그의 옷깃에 간자 두 개가 끼여 있었으므로 다시 길상사로 돌아가 영심에게 사실대로 아뢰었다. 영심은 간자가 함 속에 있는 것이어서 그럴 수가 없다고 하면서 함을 조사해보니 과연 간자가 둘이 없었다. 이상하게 여긴 영심이 간자를 겹겹이 싸서 간직해 두었다. 심지가 속리산을 떠나 다시 길을 가게 되었는데 이번에도 지난 번처럼 간자가 자신의 옷깃에 들어 있었다. 다시 돌아와 영심에게 말하자 영심은 '부처님의 뜻이 그대에게 있다.'라고 하면서 그 간자를 심지가 봉안하도록 하였다.

• 심지대사 나무

영심으로부터 간자를 전해 받은 심지는 그것을 머리에 이고 팔공산으로 돌아왔다. 그리고 산의 꼭대기에 올라가 부처의 간자를 모시기 위한 길지를 정하기 위하여 산신의 입회 하에 서쪽을 향하여 간자를 던졌다. 간자는 바람을 타고 날아 지금의 동화사 북쪽 첨당(籤堂)의 우물에 떨어졌다. 그리하여 심지는 그곳에 집을 짓고 불골간자를 모셨는데 이것이 동화사를 창건하게 된 연유라는 것이다.

나는 동화사 창건설화의 주인공 심지를 다시 생각한다. 영심이 속리산에서 열었던 법회는 과증법회(果證法會)였다. 이것은 부처가 되기 위해 수행하면서 진리를 깨우치는 법회를 말한다. 심지는 이 법회에 참여하여 진리를 깨우치겠다는 마음을 확고히 하였다. 이 때문에 날짜가 지나가 참례가 허락되지 않았는데도 불구하고 마당에 자리를 펴고 예배하고 참회하였다. 그가 있는 자리에 눈이 내리지 않는 것을 보고 사람들이 안으로 들어오게 하였으나, 심지는 거기에 개의치 않고 자신이 할 일을 묵묵히 했다. 『삼국유사』는 이 대목을 이렇게 전하고 있다.

> 여러 사람들이 그 신이함을 보고 불당 안으로 들어오기를 허락하였으나, 심지는 겸손하게도 병으로 사양하고 방으로 물러나와 불당을 향하여 조용히 예배하였다. 팔꿈치와 이마 모두에서 피가 흘렀는데 진표율사가 선계산(仙溪山)에서 피를 흘리던 일과 같았다.

우리는 여기서 진리를 향해가는 숭고한 심지를 만날 수 있다. 심지는 겸손과 노력, 이것을 최고의 미덕으로 여기며 구도의 예배를 드렸다. 이 때문에 그의 팔꿈치와 이마에 피가 흘렀으나 하던 일을 그만두지 않았다. 따라서 그에게 진표율사의 불골간자가 전해진 것은 어쩌면 당연한 일이었다. 심지는 이 간자를 모실 자리를 찾기 위하여 팔공산의 신선과 함께 서쪽을 향해 간자를 던졌다. 당시 신선은 '부처님 뼈로 된 간자를 찾아(覓得佛骨簡子兮), 정결한 곳을 맞이하여 정성을 다하리.(邀於淨處投誠兮)'라고 노래했었다고 일연은 『삼국유사』에서 전한다.

아버지산과 오동나무꽃 절! 나에게 있어 이 둘은 모두 남성적으로 읽힌다. 우리 시대의 남성은 자꾸 그 자리를 잃어가는 것 같아 이렇게 읽히는지도 모르겠다. 가정에서의 아버지 자리는 더욱 그러하다. 그것은 마치 오동나무의 존재를 우리가 거의 잊고 사는 것과 마찬가지이다. 아버지산이 품고 있는 오동나무꽃 절 동화사, 여기서 우리 시대의 위대한 아버지상이 만들어지기를 기대한다. 어쩌면 아버지산이 우리 곁에 너무 가까이 있어 그 존재의 위대성을 우리가 모르는 것은 아닐까? 오늘도 아버지산은 서쪽 하늘을 바라보며 하염없이 그렇게 앉아 있다.

3. 표암에서 '붉사상' 읽기

문화는 의미부여에서 시작한다. 즉 문화는 자연 상태에서 생성되는 것이 아니라 일정한 목적이나 생활의 이상을 실현하는 과정에서 이루어진다는 것이다. 의미가 사회 구성원과 함께 범위를 획득하면 그것은 하나의 문화가 된다. 영국의 인류학자 에드워드 버넷 타일러가 그렇게 정의하고 있듯이 '인간이 사회의 구성원으로서 획득한 능력 또는 습관의 총체'가 바로 문화이다. 이를 갈래지어 말하면 언어와 관련된 것이면 언어문화가 되고, 종교와 관련된 것이면 종교문화가 되고, 예술과 관련된 것이면 예술문화가 된다.

오늘 우리는 경주의 소금강산에 있는 표암(瓢巖)을 찾아 우리 민족이 오랫동안 문화로 일구어왔던 '붉사상'에 대해서 생각해 보자. 소금강산은 경주 시내의 동북쪽에 위치하며 해발 176.8m이다. 이 산의 입구에는 경주 이씨 시조인 이알평(李謁平)이 하강했다는 표암, 이알평을 기리기 위한 표암재가 있고, 그 우측으로는 탈해왕릉으로 전해지는 왕릉, 1980년 반월성에서 옮겨온 석탈해왕 숭신전 등이 있다. '금강'이 어떤 것에도 부서지지 않듯이 이 산에는 부서지지 않는 영원한 빛이 있다. 신라시대 이래 우리는 그렇게 믿어왔다.

표암의 '표(瓢)'는 '박'을 의미하니, 표암은 박바위가 된다. 사실 이 바위는 박과 일련의 연관이 있어 보인다. 경주부윤을 지낸 민주면(閔周冕) 등이 1669년(현종 10)에 지은 『동경잡기(東京雜記)』에는 "부의 동북쪽 5리에 있는데 이알평이 돌아와 살던 곳이다. 전설에 의하면 '신라 때 이 바위가 국도(國都)에 해를 끼친다 하여 박씨를 심어 이 바위를 덮었으므로 이런 이름이 생겼다' 한다."라고 적혀있다. 우리는 이 자료를 통해 조선시대의 사람들은 박과 연관시켜 이 바위를 이해했던 사실을 알게 된다. 이에 대하여 조선 중기의 학자 존재(存齋) 이휘일(李徽逸, 1619~1672)은 조금 다른 생각을 갖고 있었다.

계사(1653년) 11월 갑진에 아우와 함께 백률사를 올랐다가 표암을 방문했다. 노승의 안내를 받아 그곳에 갔는데 바위는 대체로 백률사의 동쪽 기슭이 끝나는 곳에 있었다. 높이는 6~7장이 되었는데 그다지 깎아지르듯 하지는 않았다. 어떤 사람은 옛사람들이 바위 아래 박을 심었기 때문에 그렇게 이름한다고 하기도 하고, 어떤 사람은 바위의 모습이 박과 비슷하여 그 같은 이름을 얻었다고 하기도 하나 누구의 말이 맞는지 알 수가 없다. 『삼국유사』에는 이씨의 시조가 이 바위에 내려왔다고 했는데, 그렇다면 문헌으로 고찰할 수 있는 것이다. 하늘이 철인을 내릴 때 이 같은 이치가 없지는 않을 것이니, 어찌 망령되고 터무니없는 것이겠는가.

존재는 퇴계학통을 잇는 바로 갈암(葛庵) 이현일(李玄逸, 1627~1704)의 아버지이다. 그는 「감표암사(感瓢巖辭)」라는 글을 쓰면서 서문을 짓게 되는데, 위의 글은 그것의 일부이다. 존재는 여기서 표암을 박과 관련시켜 이해하고 있는 어떤 사람의 말을 인용하며 무엇이 옳은지는 알지 못한다고 했다. 그러나 『삼국유사』의 기록을 근거로 이씨의 시조신화를 믿고자 했다. 특히 철인(哲人)의 탄강(誕降)에 특이한 일이 있는 것은 당연하다고 한 것이 그것이다. 이 때문에 그는 깊이 생각하고 공경하는 마음이 일어나 표암 주변을 서성이며 떠나가지 못하고 「감표암사」를 지었던 것이다.

존재는 정통 성리학자다. 이 때문에 그는 어떤 사람이 말하는 표암과 박과의 관련성을 신뢰하지 않았다. 기록이 없기 때문이었다. 그리하여 『삼국유사』에서 표암 관련 기록을 찾아내어 오히려 그것을 믿고자 했다. 얼핏 보아 이알평이 하늘에서 이 바위로 내려왔다고 하는 이 이야기는 황당하기 짝이 없다. 그러나 존재는 철인의 하강은 특별한 무엇이 있다고 생각했다. 우리는 여기서 합리주의를 신봉하는 유학자의 또 다른 모습을 보게 된다. 존재가 보았던 『삼국유사』「신라시조 혁거세왕」조 들머리는 이렇다.

진한의 땅에는 옛날 여섯 촌이 있었다. 첫째는 알천 양산촌으로 그 남쪽이 지금의 담엄사이다. 촌장은 알평인데 처음 표암봉에 내려오니 이 분이 급량부 이씨의 시조이다.

진한은 신라의 옛 땅이다. 여기에는 여섯 촌이 있었고 각 촌에는 촌장이 있었다. 알천 양산촌의 알평, 돌산 고허촌의 소벌도리, 무산 대수촌의 구례마, 취산 진지촌의 지백호, 금산 가리촌의 지타, 명활산 고야촌의 호진 등이 바로 그들이다. 일연은 이들이 모두 하늘로부터 내려온 것 같다고 하였다. 양산촌의 촌장 알평(謁平)이 가장 먼저 제시된 것으로 보아 그가 6부족의 대표성을 띠고 있음을 알 수 있다. 일본의 역사학자 미시나 아키히데(三品彰英)는 알평을 '신성한 땅' 혹은 '신의 땅을 지배하는 것'으로 풀이하였으니, 이로 알평의 정치적 위상도 짐작할 수 있다.

기원전 69년 3월 1일, 6부족의 촌장들은 각각 자제들을 거느리고 알천의 둑 위에 모여서 나라를 다스릴 덕 있는 임금을 추대하기로 논의하고 높은 곳에 올라가 남쪽을 바라보았다. 그 때 양산 밑에 있는 나정(蘿井) 가에서 빛과 같은 이상한 기운이 땅에 드리워져 있고 한 마리의 백마가 무릎을 꿇고 절하는 시늉을 하고 있었다. 이에 사람들은 그곳으로 가서 살펴보았는데, 『삼국유사』는 이에 대하여 다음과 같이 전하고 있다.

● 표암

그 곳을 찾아가서 살펴보니 자줏빛 알 한 개가 있었다. 말은 사람을 보자 길게 울면서 하늘로 올라가 버렸다. 그

알을 깨뜨려 사내아이를 얻으니 모습이 단정하고 아름다
웠다. 놀랍고 신기하여 동천에서 목욕을 시키자 몸에서
광채가 나고 새와 짐승들이 춤을 추니 천지가 진동하고
해와 달은 맑고 밝았다. 이로 인하여 혁거세왕이라고 이
름하였다.

● 표암재

우리는 여기서 천지의 찬란한 빛을 보게 된다. 빛 같은 것
이 나정으로 드리워지는 것이 그러하고, 백마의 흰 색깔이 그
러하고, 자줏빛 알이 그러하다. 그리고 목욕을 시키자 몸에서
광채가 났으며, 맑은 해와 달 역시 천지를 빛나게 했다. 이 광
명 때문에 이름을 '혁거세'라고 했던 것이다. 여기서 일연은
'혁거세의 이름은 아마도 우리말일 것이다. 불구내왕(弗矩內王)
이라고 하니 광명으로 세상을 다스린다(光明理世)는 말이다.'라

고 풀이하고 있다. 양주동 역시 혁거세의 '혁'은 '붉'으로 광명을 의미하고, '거세'는 '굿'으로 처음을 뜻한다고 했다. 그러니 밝은 시조가 되는 셈이다.

다시 표암을 보자. 표암이 박을 심거나 박처럼 생긴 데서 유래했다면 '박바위'가 되는데, 이것이 '광명이세'의 혁거세와 관련된다면 이 바위는 '붉바위'가 된다. 혁거세의 성이 '박'으로 불리어지는 것도 결국 광명한 '붉'에서 연유한 것이다. 최남선이 중앙아시아로부터 한반도와 일본 등에 '붉사상'이 있다고 보고, 단군신화에 나타나는 태백산(太白山)의 태백이나 '박', '발', '부루', '불' 등이 모두 서로 관련되어 있다고 본 것도 모두 이 때문이었다.

한국문화의 원류는 아무래도 '붉사상'에서 찾아야 할 것 같다. 이 사상에 근거하여 단군이 나라를 세웠고, 신라의 혁거세 왕을 맞이하였다. 고려(高麗)의 '려(麗)'도 고운 빛이며, 조선(朝鮮) 역시 아침 햇살을 의미하지 않던가! 이처럼 생명이 시작하는 모든 곳에는 '붉'이 있었고, 우리나라는 '붉'으로 역사를 지속하였다. 나는 가끔 우리의 희망을 과거에서 본다. 오늘날 우리 시대의 어둠을 깊이 자각한 까닭이다. 교육이 그렇고 경제가 그렇다. 검은 도시와 검은 강과 검은 하늘이 그렇고, 검은 마음이 또한 그렇다. 붉바위 표암에서 하늘로 올라간 백마가 더욱 그리운 것은 바로 이 때문이다.

4. 백월산을 바라보는 두 가지 시각

경상남도 창원시 북면에 가면 작지만 신령스런 산이 있다. 이름하어 백월산(白月山, 428m). 이 산에는 통일신라의 전성기 무렵에 만들어졌을 것으로 보이는 전설이 있는데 일연(一然)이 채록하여 『삼국유사』에 실어 놓았다. 백월산과 관련된 이야기는 두 가지로 구성되어 있다. 하나는 백월산의 유래에 대한 것이고, 다른 하나는 이 산에서 득도를 한 두 승려에 관한 이야기다. 첫 번째의 경우부터 살펴보기로 하자. 이야기는 이렇다.

옛날 당나라 황제가 연못을 하나 팠다. 그런데 매월 보름 전에 달빛이 밝으면 그 못에 산이 나타났다. 그 산에는 사자(獅子) 같은 바위가 꽃 사이에 비쳐 못 속에 나타나는 것이었다.

황제가 이것을 보고 화공을 시켜 그 모습을 그리게 했고, 사자(使者)를 보내어 천하를 두루 돌면서 연못 속에 나타나는 모습의 산을 찾도록 했다. 사자가 해동(海東)에 이르렀을 때 산에는 커다란 사자 모양의 바위가 있고, 그 산의 서남쪽으로 2보쯤 떨어진 곳에 세 산이 있었는데 그 산의 이름을 화산(花山)이라 하였다. 삼산(三山)이라 한 것은 몸체는 하나인데 봉우리가 셋이기 때문이다. 그 모양은 화공이 그린 그림 속의 산과 같아 보였지만, 진실의 여부를 확인할 방법이 없어 사자는 신발 한 짝을 벗어 사자바위 꼭대기에 걸어 놓고 돌아와 황제에게 그 사실을 아뢰었다.

그러한 후 연못을 보니 그곳에 비친 사자바위 위에 신발 한 짝이 걸려 있었다. 이에 황제는 이상히 여겨 그 산의 이름을 백월산(白月山)이라 지었다. 보름 전에는 백월의 그림자가 못에 나타나기 때문이었다. 그러나 그 이후엔 연못 속에 산의 모습이 나타나지 않았다.

이 전설을 보면 여러 가지 의문이 생긴다. 삼산은 무엇을 뜻하며, 화산과 사자암, 그리고 백월산은 또 무엇을 말하는가. 대체로 두 가지 방향에서 이 이야기에 접근할 수 있다. 하나는 정치적 접근이며 다른 하나는 종교적 접근이다. 어떤 사물에 대한 이해는 다각적으로 이루어질 때 그 사물의 본질에 보다 가까이 갈 수 있으니 이 두 가지 방법 모두를 이용하여 위의 이야기를 이해해 보자.

정치적 접근을 위해서 우선 통일신라기 신라와 당나라의 관계를 알아 둘 필요가 있다. 통일신라기의 지식인들에게 '세계'란 당을 중심으로 한 동북아시아가 거의 전부였다고 할 수 있고, 이 시기의 세계질서는 당이 중심이 되어 주변 국가들과 조공(朝貢)과 책봉(册封)을 통한 국제관계를 맺는 것으로 이루어졌다. 주변 제국이 책봉을 요청하기 위해서 조공이 선행되어야 했고, 이로써 중국은 천자의 권위를 이용하여 주변 국가가 정

● 백월산 정상의 세 봉우리

치적 통제를 받지 않는 주권국가임을 인정하였던 것이다. 백월산 역시 중국의 황제가 이름을 내려준 것이니 이 전설이 나당 사이에 존재했던 조공—책봉 관계와 일정부분 결합되어 있다고 하겠다.

정치적 측면에서 볼 때 '삼산'은 신라·고구려·백제를 의미한다. 삼산은 몸이 하나인데 봉우리가 셋이라고 했으니, 이 세 나라가 결국은 하나라는 것이다. 그리고 하나이면서 동시에 셋인 삼산은 꽃과 같이 예쁘기 때문에 '화산'이라 하였고, 그 가운데 '사자암'이 있다고 했다. 꽃의 아름다움과 사자의 강함이 조화관계를 유지하면서 민족적 자부심을 드러냈고, 밝은 달빛은 이것을 세상에 널리 알려주는 역할을 한다. 이에 대하여 김일렬 전 경북대 교수는 '그러한 백월은 신라의 국토를 밝게 비추어 줌으로써 궁극적으로 한반도에 있는 통일 민족의 아름다움과 위대함을 중국에 알려주고 과시하는 구실을 한다.'라고 적절히 지적한 바 있다.

이 이야기에 대한 종교적 접근은 어떻게 할 수 있을까? 신라의 고승들이 당에 가서 법을 구했던 사실도 중요하지만 무엇보다 『삼국유사』의 저자 일연이 승려였고, 이어서 나오는 두 번째 이야기도 노힐부득과 달달박박이라는 득도한 두 승려에 관한 것이니 종교적 접근을 위한 여건은 충분히 마련되었다.

종교적 측면에서 볼 때, '백월'은 밝은 달을 의미하니 광명을 뜻한다고 보아야겠다. 두광(頭光)과 신광(身光) 등 부처의 형상에서도 볼 수 있듯이 불교사상은 온통 빛으로 가득하다. 『무량수경(無量壽經)』에서는 부처의 광명을 다음과 같이 12광불(光佛)로 찬탄하기도 했다.

① 무량광불(無量光佛) ② 무변광불(無邊光佛) ③ 무애광불(無碍光佛) ④ 무대광불(無對光佛) ⑤ 염왕광불(閻王光佛) ⑥ 청정광불(淸淨光佛) ⑦ 환희광불(歡喜光佛) ⑧ 지혜광불(智慧光佛) ⑨ 부단광불(不斷光佛) ⑩ 난사광불(難思光佛) ⑪ 무칭광불(無稱光佛) ⑫ 초일월광불(超日月光佛)

부처의 광명은 영원히 멸하지 않으며, 온누리에 충만하며, 그 무엇에도 걸리지 않으며, 대적할 수 없는 빛이며, 그 빛은 불꽃 같으며, 미묘하고 청정한 빛이며, 기쁨의 빛이며, 지혜로운 공덕을 원만히 갖춘 빛이며, 부단히 빛나며, 생각하기 어려운 빛이며, 도저히 같을 수 없는 빛이며, 일월과도 비교할 수 없는 빛이라는 것을 위의 이름들은 강조한다. 신라의 백월산은 너무나 빛나 당나라 황제의 연못에까지 그 빛이 전달되었던 것이다. 이를 통해 사람들은 신라 불교의 위대성을 말하고자 했을 것이다.

삼산은 불·법·승 삼보(三寶)로 볼 수 있으며, 이것이 하나의 연꽃처럼 피어 있으니 화산이라 하였을 것이다. 이 화산 사이에 사자암이 있다고 했다. 사자암은 다름 아닌 부처의 설법 자리인 사자좌이다. 이 때문에 부처의 설법을 우리는 사자후(獅子吼)라고 할 수 있었다. 『유마경(維摩經)』에서는 '석가의 설법이 당당하고 사자후와 같아, 천둥이 울려 퍼지는 것처럼 듣는 이의 가슴에 스며든다.'라고 하였다. 사자가 한 번 포효하면 백수(百獸)의 목소리를 잠재우듯이, 부처가 한 번 설법하여 수많은 사설(邪說)들이 자취를 감춘다는 의미가 여기에 내포되어 있다.

사실 『삼국유사』에는 민족의식과 불교사상이 동시에 스며 있다. 이 때문에 이 둘을 함께 보아야 위의 이야기를 온전하게 파악할 수 있다. 백월은 신라의 위대함과 부처의 광명세계를, 삼산은 삼국 혹은 삼보를 의미한다. 그리고 화산과 사자암은 우리 민족의 아름다움과 강함 혹은 연꽃과 부처의 설법을 뜻한다. 이처럼 위의 이야기는 민족적이면서 동시에 종교적이다.

백월산 정상에 가면 『삼국유사』에 나오는 삼산[화산]과 사자암을 확인할 수 있다. 그 산이 당나라의 연못에 비쳤는데 사신이 그 산의 사자암에 신발을 걸어두었다고 했다. 이로써 당나라 연못에 비친 산이 백월산임이 확인되었으나 당나라에서는 더 이상 볼 수가 없었다. 이렇게 보면 신발은 정치적 입장에서 신라에 대한 당나라의 횡포를, 종교적 입장에서는 불법(佛法)에 대한 모독이 된다. 신발을 사자암에 걸어두었다 하니 더욱 그렇다.

● 백월산 표석

5. 소탈과 엄격에 대한 이해방식

소탈(疏脫)은 예절이나 형식에 얽매이지 아니하고 수수하다는 의미이고, 엄격(嚴格)은 말이나 태도, 그리고 규칙 등이 엄하고 철저하다는 뜻이다. 앞의 것은 자유를 지향하고 뒤의 것은 질서를 추구한다. 이 둘은 서로 맞물리면서 질서 속에서 자유로 나아가기도 하고, 자유 속에서 질서를 잡아가기도 한다. 이것은 질서가 경직으로 흐르고, 자유가 방탕으로 흐르는 것을 경계하면서 일련의 중용을 지키려는 노력의 결과라 하겠다.

선인들은 소탈과 엄격 가운데 무엇을 더욱 중시하였을까? 소탈은 기본적으로 관용의 미덕이 있어야 하며, 엄격은 자기 수양에 더욱 철저해야 한다. 소탈은 외물과의 경계를 분명히 하지 않고 그 외물과 소통하면서 보다 큰 세계를 이루어나가고, 엄격은 외물과의 경계를 명확히 하면서 특히 자신의 내적 문제를 해결하기 위하여 많은 노력을 한다. 대승적 '이타(利他)'와 소승적 '자리(自利)'를 여기에 각각 결부시켜 이해할 수도 있다.

『삼국유사』에도 소탈과 엄격, 그리고 이타와 자리를 중심으로 이야기한 것이 있다. 바로 「탑상(塔像)」 제4에 나오는 백월산의 두 성인 노힐부득(努肹夫得)과 달달박박(怛怛朴朴)에 관한 이야기가 그것이다. 백월산은 신라 구사군(仇史郡) 북쪽에 있는데, 이 산의 동남쪽 선천촌(仙川村)에 두 사람이 살고 있었다. 한 사람은 노힐부득이고 다른 사람은 달달박박이다. 이들은 모두

풍채와 골격이 범상치 않았고 속세를 떠날 마음이 있어 서로 좋은 친구가 되었다. 20세가 되자 마을 동북쪽 고개 밖에 있는 법적방(法積房)에 가서 머리를 깎고 중이 되었는데, 부득은 미륵불을 성심껏 구했고 박박은 아미타불을 경배하고 염송했다. 이야기는 다음과 같이 계속된다.

노힐부득과 달달박박이 수도한 지 3년이 조금 못된 어느 날, 해가 저물어 가는데 나이가 20에 가깝고 얼굴이 매우 아름다운 한 낭자가 난초의 향기를 풍기면서 박박에게 찾아와 자고 가기를 청했다. 이에 박박은 절은 깨끗하여 그대가 올 곳이 아니라면서 내쫓았다. 박박에게 쫓겨난 낭자는 부득을 찾아갔다. 이에 부득은, 절은 여자가 있을 곳이 아니나 깊은 산골짜기에 날이 어두웠으니 어쩔 수 없다면서 묵어가게 했다.

밤이 새려 할 때 낭자는 부득을 불러 산고(産故)가 있으니 짚자리를 마련해 달라고 했다. 부득은 측은하게 여겨 그렇게 했다. 낭자는 해산을 끝내고 다시 목욕하기를 청했는데 부득은 다시 목욕통을 준비하여 목욕을 시켜 주었다. 그때 부득은 목욕통에서 향기가 강하게 풍기면서 물이 금빛으로 변하는 것을 보고 놀란다. 이에 낭자는 부득에게도 목욕을 권하였고, 또 옆에 나타난 연대(蓮臺)에 오르게 했다. 그 낭자는 성도를 위해 온 관세음보살이라고 하며 사라졌다.

한편, 박박은 오늘밤에 부득이 틀림없이 계를 더럽혔을

것이라고 생각하고 부득이 있는 곳으로 달려갔다. 그러나 부득은 연화대에 앉아 미륵본상이 되어 광명을 내뿜는데 그 몸이 금빛으로 변해 있었다. 박박은 자기도 모르게 머리를 조아려 절을 하니 부득이 그 까닭을 자세히 말해 주었다. 박박 역시 부득의 도움으로 무량수(無量壽)를 이루게 되었다. 그러나 박박의 몸에는 얼룩이 남아 있었다. 부득이 목욕한 물로 목욕을 했으니 목욕통의 물이 조금 모자라 몸 전체에 바를 수 없었기 때문이었다.

부득과 박박은 지향점을 같이 했으므로 좋은 친구가 될 수 있었다. 그러나 이들에게는 다른 점이 있었다. 부득은 소탈하면서도 관용적이었고, 박박은 엄격하면서도 자신에게 철저했다. '이타'와 '자리'가 이렇게 나타난 것이었다. 이 때문에 깊은 산 속에서 밤에 관세음보살의 화신인 낭자가 찾아 왔을 때 부득은 측은히 여겨 맞이하였으나 박박은 수도하는 것과 맞지 않다며 그 여인을 바깥으로 내치고 말았다. 그 결과 부득은 박박에 비해 먼저 부처가 되었고 그 모습도 완전하였다. 그러나 박박은 부득에 비해 늦게 부처가 되었을 뿐 아니라 그 모습도 불완전한 상태였다. 사정이 이러하나 경덕왕은 이들의 성도를 기려 백월산남사(白月山南寺)를 지었다. 그리고 미륵존상을 금당에 모시고 '현신성도미륵지전(現身成道彌勒之殿)'이라 이름하였으며, 아미타상을 만들어 강당에 모시고 '현신성도무량수전(現身成道無量壽殿)'이라 이름하였다.

● 백월산남사의 「현신성도무량수전」 편액

   부득은 미륵불을 구하여 미륵불이 되었고, 박박은 아미타불을 원하여 아미타불이 되었다. '꿈'은 참으로 이렇게 이루어졌던 것이다. 미륵불은 현재 도솔천에서 설법하고 있지만 56억 7천만년 뒤에 이 세상에 하생할 부처이며, 아미타불은 현재 서방정토인 극락세계에서 대중을 위하여 설법하는 부처다. 여기서 우리는 신라인들이 이 두 부처를 동시에 희원(希願)하면서도, 먼 서방정토세계에 있는 아미타신앙보다 신라에 정토를 설정한 미륵신앙을 더욱 우위에 두고 있었다는 것을 알 수 있다.

   노힐부득과 달달박박은 원효와 의상으로 바뀌어 전승되기도 한다. 경남 양산의 천성산 원효봉을 둘러싼 원효와 의상 이야기가 바로 그것이다. 소탈과 엄격이 원효와 의상에게 그대로 적용되어, 민중은 원효가 요석공주를 아내로 맞이하면서도 바가지 춤을 추면서 교화를 펼쳤으니 그의 성격을 소탈하면서 원융한 것으로 보았다. 이에 비해 의상은, 화엄학을 전수받아 대단한 역량이 있는 스님으로 인정은 하지만 자신에게나 타인에게 있어 너무 엄격하여 일정한 한계가 있는 것으로 보았다.

선묘의 사랑을 저버린 의상을 염두에 둔 것인지도 모를 일이다. 구체적인 내용은 이렇다.

원효와 의상은 결의형제를 맺고 천성산에서 득도할 때까지 떨어져 있기로 했다. 7년이 지난 어느 날 밤 묘령의 여인이 의상을 찾아가 하룻밤만 쉬어가기를 청했으나 의상은 끝내 거절했다. 그러나 원효는 그 여인을 편히 쉬게 해주고 산기(産氣)가 있는 것을 알고 옥동자를 낳을 때까지 보살펴 주었다. 알고 보니 그 여인은 관세음보살이었다. 원효는 관세음보살이 남긴 그 목욕물로 몸을 씻어 도를 터득했고, 의상도 원효의 도움으로 도를 터득했다.

부득과 박박, 원효와 의상. 이들은 모두 불도(佛道)를 이루기 위하여 정진한 인물이다. 그 방법은 서로 달랐을 것이나 목적한 바를 이루었고 후세에 많은 가르침을 남겼다. 그러나 사람들은 부득과 원효가 가진 소탈성을 박박과 의상이 지닌 엄격성의 우위에 놓으려고 했다. 여기서 '이타'를 강조하는 대승의 길과 '자리'를 중시하는 소승의 길 가운데 민중은 무엇을 더욱 소중하게 생각했던가 하는 점이 잘 드러난다.

오늘날 우리는 개인주의에 입각한

● 아기를 안고 있는 백월산남사의 관세음보살상

분열의 시대를 살고 있다. 이 같은 시대를 맞아 우리시대의 불교는 무엇을 해야 할까? 수많은 일이 있을 수 있겠지만 무엇보다 대중과 소통하는 불교여야 한다. 불교가 시대에 봉사하고 대중과 함께 할 때 비로소 그 존재의의가 있다. 이 때문에 외물과의 경계를 허물고 소탈한 정서를 기반으로 한 대승적 이타정신은 어느 때보다 절실히 요구된다. 창원의 남백월사를 찾아 과연 시대와 대중을 위하여 우리가 할 수 있는 일이 무엇인지를 곰곰이 생각해보기로 하자.

6. 백률사의 밤하늘을 가른 빛

백률사(栢栗寺)는 해발 143m에 지나지 않는 경주의 금강산에 위치한 절이다. 분황사에서 7번 국도를 타고 포항 쪽으로 가다가 표지판을 따라 오른쪽으로 들어가면 쉽게 찾을 수 있다. 금강산은 나지막하지만 경주의 5악(五岳) 가운데 하나이다. 삼국통일 이전에는 동악 토함산, 서악 선도산, 남악 남산, 중악 낭산과 함께 불리던 북악이었다. 물론 통일신라 이후에는 5악이 동악 토함산, 서악 계룡산, 남악 지리산, 북악 태백산 그리고 중악 팔공산으로 확장 지정된다.

● 백률사

금강산은 빛으로 가득하다. '금강'이 가장 견고한 것을 의미하기도 하지만 가장 밝은 빛을 뜻하기도 하기 때문이다. 금강은 무상의 밝음을 지니고 있으므로 온 세상을 두루 비춘다. 이 때문에 지혜로 상징되기도 하며, 그 빛은 광대(廣大)하고 무변(無邊)하여 어떤 것에서도 그늘지지 않는다. 경주의 금강산에 표암(瓢巖)이라는 '붉바위'가 있어 찬란한 빛을 뿜어낼 수 있었던 것도 모두 여기에 기인한다. 이 표암에서 이알평 등 하늘에서 내려온 여섯 촌장이 빛으로 세상을 다스리고자 한 혁거세왕을 맞이했다.

백률사는 이차돈(異次頓)을 기리기 위해서 817년(헌덕왕 9)에 세운 절이라고 한다. 물론 이와 전혀 다른 절로 보기도 하지만, 원래 이름은 자추사(刺楸寺)라고 했다. 자추사라는 이름은 백률사와 관련하여 '잣=백', '추=율'로 보기도 하고, 사람들이 이차돈을 춘추시대의 충신 개자추(介子推)와 비긴 데서 비롯되었다고 하기도 한다. 어쨌든 이차돈이 순교하여 그의 머리가 떨어진 곳인 금강산에 장사를 지냈으며, 사람들이 이를 기려 자추사를 세웠는데, 이것이 나중에 백률사가 되었다는 것이다.

일연은 『삼국유사』「원종흥법 염촉멸신(原宗興法 猒髑滅身)」조에서 법흥왕의 흥법과 이차돈의 순교를 전하고 있다. 이차돈의 성은 '이' 이름은 '차돈'이 아니라, 성은 박(朴)이고 자가 염촉(猒髑)이다. 이차돈은 이처돈(異處頓)·거차돈(居次頓)·이처도(異處道)라고 표기하기도 하고, 염촉은 염독(猒獨)·염돈(猒頓)·염도(猒道; 猒覩; 猒都)라 하기도 한다. 일연이 그렇게 밝히고 있듯이 여기서 '촉(髑)' 등은 어조사다. 따라서 '염=싫다'를 '이차=이처'로 읽고 표기하였던 것이다.

'싫어한다(염촉)'는 것을 우리말로 '이차돈'이라고 했고, 이것이 그의 이름까지 되었으니 당대 사람이 이차돈을 얼마나 미워했는가 하는 것을 알 수 있다. 이차돈의 아버지가 누구인지에 대해서는 자세하지 않으나 할아버지는 아진종으로 습보갈문왕의 아들이다. 습보갈문왕의 손자가 법흥왕이니 이차돈은 법흥왕의 5촌 조카가 된다. 이로 보면 왕실에서는 불교를 새로운 정치이념으로 삼고자 하였고, 당시 귀족들은 이를 강력히 반대했다는 것을 알 수 있다. 이와 관련된 다음 자료를 보자.

왕이 또한 불교를 일으키려고 하였으나 여러 신하들이 믿지 않고 떠들기만 하니 왕이 이를 어렵게 여겼다. 근신 이차돈이 아뢰기를, '청컨대 소신의 목을 베어 여러 사람들의 의론을 정하소서.'라고 하였다. 왕은 '내가 본디 불도를 일으키고자 함이었는데, 무죄한 사람을 죽이는 것은 잘못이다.'라고 하였다. 이차돈은 '만약 불도가 행해질 수 있다면 신은 비록 죽어도 유감이 없습니다.'라고 하였다. 이에 왕이 여러 신하들을 불러서 묻자 모두 '지금 중들을 보니 깎은 머리에 이상한 옷을 입고 의논이 기괴하니 떳떳한 도리[常道]가 아닙니다. 이제 만약 그들을 그대로 둔다면 다만 후회만 있을 것이오니, 신들은 비록 중죄에 처해지더라도 감히 명령을 받들지 못하겠습니다.

대왕은 일부러 위의(威儀)를 갖추고 위풍있는 형구를 동서에 벌여 놓고 서릿발 같은 병장기를 남북으로 늘이고 여러 신하들을 불러, '경들은 내가 절을 지으려고 하는데 어찌하여 주저하며 머뭇거리는가.'라고 물었다. 이에 여러 신하들이 벌벌 떨면서 두려워하며 재빨리 맹세하고 손으로 동서를 가리켰다. 이에 왕이 사인(舍人, 이차돈을 지칭함)을 불러 꾸짖으니 사인은 얼굴빛이 변하여 아무 말도 하지 못했다. 대왕이 크게 노하여 그의 목을 베라고 명령하니 관원들이 그를 묶어 관아로 끌고 갔다. 사인이 맹세하자 사형을 집행하는 자가 그의 목을 베니 흰 젖이 한 길이나 솟아올랐다. 하늘은 사방이 시커멓게 껌껌해지는 것이 석

양에 어둠이 깔리듯 하고 온 천지의 땅은 진동하며 하늘
에는 꽃비가 휘날리며 떨어졌다.

　앞의 것은 『삼국사기』「법흥왕」조, 뒤의 것은 『삼국유사』
「염촉멸신」조의 일부이다. 『삼국유사』에 그렇게 전하고 있듯
이 이차돈이 왕명이라며 천경림에 절을 세우려 하고 이를 여
러 신하들이 와서 왕에게 간하자 왕은 왕명을 잘못 전한 죄로
처형을 시킨다. 그러나 여기에는 이보다 훨씬 중요한 정치사
상사적 의미가 깊이 개입되어 있다. 즉 불교흥법의 강경파인
이차돈과 온건파인 법흥왕, 그리고 흥법 자체를 반대한 귀족
과의 대립상이 나타나 있기 때문이다. 이 과정에서 불교를 통
해 지배이념을 모색하면서 왕권을 강화하고자 했던 법흥왕은
이차돈을 처형함으로써 귀족들 역시 두려움에 떨게 하였고,
결국에는 불교 공인의 길로 나아가게 되었다.
　나는 여기서 이차돈의 머리를 베자 그의 목에서 솟아올랐다
는 한 길이나 되는 흰 젖과 깜깜한 밤에 하늘로부터 휘날리며
떨어지는 꽃비를 주목한다. 여기에 '광명사상' 혹은 '붉사상'이
내포되어 있기 때문이다. '사람의 목에서 어떻게 흰 젖이 솟을
수 있으며, 하늘에서 어떻게 꽃비가 내릴 수 있는가?'라고 생
각하면 이차돈의 죽음과 관련된 상징적 의미를 놓치고 만다.
빛은 흰색으로 많이 표현되듯이 흰 젖은 다름 아닌 빛의 상징
이다. 그리고 하늘에서 떨어졌다는 꽃비 역시 온 누리에 두루

빛나는 불법이며 영광이다. 이차돈의 순교는 이처럼 빛으로 가득한 상징성을 갖추고 있다. 이차돈의 죽음에 대하여 일연은 이렇게 노래했다.

대의를 좇아 가볍게 버린 생명 놀라기에 족하고,　徇義輕生已足驚
하늘의 꽃과 흰 젖에 마음 더욱 사무치네.　　　天花白乳更多情
문득 한 칼에 몸이 비록 죽었어도,　　　　　　俄然一劒身亡後
절마다 울리는 종소리 서울을 뒤흔드네.　　　院院鐘聲動帝京

일연은 위의 시를 통해 이차돈이 죽을 때 흩날리던 꽃과 솟구치던 흰 피, 그리고 이로 인하여 불교가 신라에 퍼지게 되었던 사실을 두루 전하고 있다. 국립경주박물관 전시실에 이차돈순교비(국보 제16호)가 있다. 이 비는 원래 이차돈의 머리가 떨어진 곳이라고 전해 오던 백률사에 세웠던 것으로 건립 연대는 818년(헌덕왕 10)이다. 모두 여섯 면으로 되어 있으며, 다섯 면에는 정간(井間)을 치고 글씨를 새겼으나 마멸이 심하여 읽기 어렵다. 나머지 한 면에는 이차돈의 순교 장면이 조각되어 있다. 즉 땅이 진동하고 꽃비가 내리는 가운데 잘린 목에서는 흰 피가 솟아오르고 있는 장면이다.

이차돈은 고유신앙의 성소인 천경림(天鏡林)에 절을 세우고자 하다 순교했다. 당시 그의 나이는 22세. 천경림의 '천'과 '경'이라는 글자가 '하늘'과 '무구(巫具)'를 의미하듯이 이곳은 천신에 대하여 제사를 지내는 곳이었다. 아마도 전통적 신성지역인 소도(蘇塗)가 있었던 곳으로 추정된다. 귀족들은 이를 중심으로 세력을 구축하고 있었다. 법흥왕은 이 세력을 누르기 위하여 이차돈이 죽은 후 천경림에 대흥륜사(大興輪寺)를 세웠다. 이렇게 하여 신라 최초로 절이 세워지게 된다. 절이 완성되자 법흥왕

• 이차돈순교비(국립경주박물관)

은 면류관을 벗어던지고 승려가 되었다고 한다.

어둠이 계속되고 있다. 이차돈이 순교를 하고 법흥왕이 불교를 공인한 후로도 세상은 광명해지지 않았다. 서정주는 「광화문」이라는 시에서, 광화문을 '차라리 한 채의 소슬한 종교'라고 하면서 '왼 하늘에 넘쳐흐르는 푸른 광명'이라고 노래한 적이 있다. 광화(光化)라는 이름에서 촉발된 것일 터이지만 참으로 푸른 광명이 온 세상에 가득했으면 좋겠다. 어쩌면 그 같은 빛이 없기 때문에 우리는 일찍부터 빛을 노래하고 광명을 찬양했는지 모른다. 백률사는 그렇게 이차돈의 죽음과 더불어 빛을 꿈꾸며 금강산에 나지막하게 엎드려 있는 것이다.

7. 조국 앞에 선 사람들

2009년은 3·1만세운동과 파리장서사건이 일어난 지 꼭 90주년이 되는 해였다. 이 해를 맞아 독립운동가인 회당(晦堂) 장석영(張錫英, 1851~1926)이 쓴 『흑산일록(黑山日錄)』이 발견된 것은 참으로 뜻이 깊다. 이 일기에는 독립만세운동 및 파리장서사건과 관련된 내용이 가득할 뿐만 아니라, 대구감옥소의 구조나 당시의 감옥생활 등이 자세하게 기록되어 있다. 이 일기는 장석영이 파리장서 초안자로 감금되었다가 풀려난 후인 1919년 10월에 기록한 것인데, 성주 경찰서에서 보낸 9일, 대구 감옥소로 옮겨와 초심공판까지의 31일, 다시 공소까지 101일, 도합 141일간의 체험을 기록한 것이다.

일기의 제목을 '흑산(黑山)'이라 한 데는 그럴만한 이유가 있었다. '흑산'은 『자치통감(資治通鑑)』「당기(唐紀)」 등에 자주 등장하는 것으로, 배행검(裵行儉)이라는 당나라 장수가 돌궐(突厥)을 크게 무찌른 적이 있는 산으로 일명 살호산(殺胡山)이다. '살호산'은 '오랑캐를 죽이는 산'이라는 뜻이니, 장석영의 반일감정이 적나라하게 드러나는 제목이다. 오랑캐란 바로 왜적을 의미하기 때문이다.

『흑산일록』에는 도내(道內) 사람들의 민심을 불러일으키기 위한 「통고도내문(通告道內文)」, 일본총독부에 보낸 독립의 정당성을 주장한 「저총독부서(抵總督府書)」, 장석영이 지은 초고본

「파리장서(巴里長書)」, 면우(俛宇) 곽종석(郭鍾錫, 1864~1919)이 새로 쓴 「파리장서」 등이 수록되어 있다. 이 가운데 장석영이 지은 「파리장서」는 이 방면을 연구하는 어떤 사람에게도 알려지지 않았던 것이기 때문에, 자료 발굴 자체가 중요한 의미를 지닌다. 여기에 대한 구체적인 논의는 다른 지면이 필요하다.

● 회당 장석영

『흑산일록』에는 옥중생활을 하면서 자신의 감회를 읊은 작품이 더러 보인다. 특히 옥살이를 하던 초기, 고달픈 생활 때문에 자신의 마음이 변할까를 염려하여, '한 점의 나약하고 흐린 기운을 끊어 보내고(斷送一點和泥氣), 항상 천 길의 벽처럼 우뚝 서있는 마음을 가지자(常持千仞壁立心)'며 스스로 다짐하기도 했다. 음력 4월 16일에는 공판이 있었는데, 이 때 장석영은 면우 곽종석, 심산 김창숙 등과 2년의 징역형을 구형받는다. 이에 따라 그는 죽음을 결심하고 다음과 같은 시를 지어 독자로 하여금 비감(悲感)에 젖어들게 한다.

　　필부도 하찮은 의리에 죽는 것이

본디 마땅치 않거늘,　　　　　　　匹夫爲諒本非當

부모가 남긴 몸을 하물며 손상하겠는가. 父母遺身況可傷

옛 성인이 인(仁)을 구하던 자리를

미루어 생각해보건대,　　　　　　追惟古聖求仁地

오직 백이와 숙제가 수양산에서

굶어 죽은 것이 있었구나.　　　　　獨有夷齊餓首陽

투옥 당시 회당은 69세로, 자신에게 2년 징역형은 너무 가혹한 것이라 생각했다. 그리고 구차하게 사는 것보다 절조를 지켜 죽는 것이 낫다고 생각했다. 그러나 목을 매거나 칼로 찌르는 것은 부모가 남겨준 유체를 손상시키는 것이니, 은(殷)나라를 위하여 수양산에서 굶어 죽었던 백이와 숙제의 뒤를 따라 굶어 죽기로 결심을 하였던 것이다. 이후 명분이 없다고 생각하여 결심을 거두기는 하였지만, 그의 독립의지는 강고한 것이었고 출옥 이후에도 강한 의지를 보이며 유림계의 거두로서 많은 활동을 하였다.

우리에게 있어 일본은 항상 두통거리였다. 삼국시대나 신라시대, 그리고 고려와 조선을 거치면서 그들은 끊임없이 해안에 출몰하며 우리를 괴롭혔고, 급기야 조선시대는 대대적인 침략을 감행하여 임진왜란과 정유재란을 일으켰다. 그리고 1910년에는 그들의 나라에 조선을 병합시켜 우리에게 36년간의 치욕을 안겨주었다. 이로써 우리는 대내외적으로 심각한

갈등을 겪게 되었고, 그들을 통해 들어온 저급한 외래문명은 우리로 하여금 정신적 공황을 초래하게 하였다.

나는 여기서 '차라리 계림의 개돼지가 될지언정 왜왕의 신하는 되지 않겠다.'라고 일갈한 만고충신 김제상(金堤上, 『삼국사기』에는 박제상으로 되어 있다)과 죽어서 호국(護國)의 용이 된 신라의 문무왕(文武王)을 다시 생각한다. 김제상의 이야기는 『삼국유사』「기이·내물왕김제상(奈勿王金堤上)」조에, 문무왕에 대한 이야기는 같은 편의 「문호왕법민(文虎王法敏)」조와 「만파식적(萬波息笛)」조 등에 두루 나온다. 그러나 '내물왕→실성왕→눌지왕'으로 이어지는 신라와 '문무왕→신문왕'으로 이어지는 신라는 시대적 형편이 사뭇 달랐다. 전자는 왕권과 주권확립이 미약하여 왜와 고구려에 인질을 파견해야 했던 시기이고, 후자는 신라가 당을 끌어들여 통일과업을 완수해 가던 시기였기 때문이다. 우선 『삼국유사』에 전하는 다음과 같은 김제상의 처형장면을 보자.

왜왕이 화가 나서 제상의 발바닥 살갗을 벗기고 갈대를 벤 후 그 위를 걷게 하였다. 그리고 다시 물었다. "너는 어느 나라의 신하냐?" 제상이 "계림의 신하다."라고 대답했다. 다시 뜨겁게 달군 철판 위에 그를 세우고 "어느 나라의 신하인가?"라고 물었다. 제상이 역시 "계림의 신하다."라고 하였다. 이에 왜왕은 제상을 굴복시킬 수 없음을 알고 목도(木島)에서 불태워 죽였다.

참으로 잔인한 장면이다. 김제상은 먼저 고구려 왕을 회유해 보해(寶海, 『삼국사기』에는 卜好로 기록되어 있음)를 구출해내고, 다시 왜로 들어가 미해(美海, 『삼국사기』에는 未斯欣으로 기록되어 있음)를 구출해 고국으로 보냈다. 그리고 그는 그들에게 잡혀 갖은 협박과 회유에도 굴하지 않고 충절을 지키다가 결국 위와 같은 고초를 당하며 신라를 위해 죽어갔다. 김제상이 처형된 뒤 눌지왕은 제상의 처를 국대부인(國大夫人)으로 봉하고 제상의 딸을 미해공의 처로 삼는다. 그러나 설화에서는, 제상의 처는 남편을 그리워하며 치술령 꼭대기에서 망부석이 되었고, 그의 딸들은 새가 되어 은을암(隱乙巖)으로 숨어들었다고 한다.

문무왕과 관련된 이야기는 문무왕을 장사지냈다는 동해의 대왕암(大王巖)이 발견되고, 문무왕의 대를 이은 신문왕(神文王)이 아버지를 위하여 동해변에 감은사(感恩寺)를 세웠는데 그 발굴현장에서 용이 드나들도록 설계된 통로가 발견됨으로써 많은 사람의 관심을 불러일으킨 적이 있다. 『삼국유사』「만파식적」조에서 일연이 전하는 이야기와 일치하여 더욱 경탄을 자아낼 만하였다. 이뿐 아니라 뒤에 용이 나타난 것을 보았던 곳에 이견대(利見臺)를 세워 그 현장을 생동감있게 전하기도 한다. 『삼국유사』의 다음 부분을 함께 읽어보자.

대왕은 나라를 다스린 지 21년 되는 영륭(永隆) 2년 신사년(681)에 세상을 떠났다. 유언에 따라 동해 가운데 있는 큰 바위 위에 장사를 지냈다. 왕은 평소 지의법사(智義法師)에게 말했다. "짐은 죽은 후 나라를 지키는 큰 용이 되어 불법을 받들고 나라를 수호하기를 원하오." 이에 법사가 말했다. "용은 축생인데 그 응보를 어찌 받겠습니까?" 왕이 대답했다. "나는 세상의 영화를 싫어한 지가 오래되었소. 만약 추한 업보에 따라 축생이 된다고 하더라도 이것은 짐의 뜻에 합치되는 것이오."

이 글은 『삼국유사』 「기이·문호왕법민(文虎王法敏)」조의 일부이다. 여기서 신라 30대 임금인 문무왕(文武王, 재위 661~681)을 문호왕(文虎王)이라고 한 것은 저자 일연의 시대인 고려 혜종(惠宗)의 이름이 '무(武)'이므로, 이것을 피하여 '호(虎)'로 하였던 것이다. 신라에게 있어 문무왕대만큼 중요한 시대는 없을 것이다. 무열왕은 나당연합군을 만들어 백제를 멸망시켰지만 통일을 이루지 못하고 죽고 말았다. 통일과업을 완수하기 위하여 문무왕은 노심초사하였으며, 드디어 당나라의 힘을 빌려 668년(문무왕 8) 고구려를 멸망시켰다. 여기서 더욱 나아가 당나라의 설인귀 군대를 기벌포(技伐浦)에서 몰아내고 677년(문무왕 16)에 마침내 통일을 성취하게 된다. 위의 설화는 그 이후 남쪽의 왜

● 문무대왕 수중릉

적에 대한 철저한 경계를 드러낸 부분이다.

　장석영은 옥중에서 곡기를 끊으며 일본에 저항했고, 문무왕은 죽어서까지 왜적을 무찌르고자 했다. 그리고 김제상은 매서운 절조로 왜왕의 간담을 서늘케 했다. 세월이 흐르면 잊어야 하는 것도 있지만 잊지 말아야 하는 것도 있다. 망각은 때로 우리에게 명약의 역할을 한다. 과거의 아픈 기억만 있다면 현재의 삶은 물론이고 앞으로의 삶이 그 기억으로 인하여 훼손될 수 있을 것이기 때문이다. 그러나 오늘날 우리는 과거의 민족적 시련을 너무 잊고 사는 것 같다. 1950년에 일어났던 6·25동란도 벌써 까마득하고, 일제의 의한 민족적 수난은 있었는지도 모른다. 이러한 상황에서 나는 잠시 일본의 존재를 다시 생각해 본다.

8. 쓸모없이 큰 경덕왕의 성기

　『삼국유사』에는 왕의 성기와 관련한 이야기가 두 군데 나온다. '지철로왕은 음경의 길이가 한 자 다섯 치나 되어 배필을 구하기가 어려웠다.(「기이·지철로왕」)'라 한 곳과 '경덕왕은 옥경의 길이가 여덟 치였으나 아들이 없었다.(「기이·경덕왕」)'라고 한 곳이 그것이다. 1자가 당척(唐尺)으로 대략 29.7cm이고 10치가 1자이니, 계산해 보면 이 두 분의 성기 크기를 바로 알 수 있다.

남자 성기의 크기는 다산(多産)이나 물리적 힘, 그리고 추상적 권력 등을 상징한다. 임금과 관련된 것이니 당연히 권력과 관계가 있을 수밖에 없다. 지철로왕—시호 지증(智證)—의 경우, 신라는 빠른 성장기에 있었다. 그는 강력한 리더십으로 왕권을 강화해 나갔다. 부자 상속제의

• 신라시대 남자 토우

확립, 왕이라는 칭호 사용, 군현제의 실시, 시호의 시행 등이 모두 이때 이루어졌다. 그의 카리스마는 백성의 힘을 결집하는 데 있어 매우 유용했던 것으로 보인다.

그러나 경덕왕 때는 사정이 달랐다. 물질과 문화적 측면에서 전 신라를 들어 가장 풍부하고 화려하였지만, 이로 인해 정신적 기강이 해이해져 있었다. 이를 자각한 경덕왕은 지증왕과 마찬가지로 강력한 리더십으로 민심을 통일하여 왕권을 강화하고 싶었다. 중국의 중앙집권체제를 도입하여 중앙과 지방을 통제하고자 한 것이 그 대표적인 예가 된다. 성기의 크기가 여덟 치나 된다는 것은 이것을 상징적으로 나타낸 것이다.

경덕왕은 스스로 미륵불이고자 하였다. 그는 3월 3일 귀정문(歸正門) 문루에 올라, 장삼을 입고 벚나무 통을 멘 충담사(忠談師)를 맞이한다. 이 때 충담사는 남산의 삼화령에 있는 미륵세존께 차를 달여 올리고 오던 길이었다. 이에 왕은 '과인에게

도 한 잔의 차를 나누어 줄 수 있겠는가?'라고 하면서 헌다(獻茶)를 요구한다. 이에 충담사는 차를 바치게 되는데, 『삼국유사』는 '차의 맛이 신이하였으며 찻잔 속에서 특이한 향기가 진동했다.'라고 적고 있다. 나아가 경덕왕은 자신을 위해 백성을 다스리는 노래를 짓게 하였다. 바로 「안민가(安民歌)」다.

임금은 아비요	君隱父也
신하는 사랑하는 어미라네.	臣隱愛賜尸母史也
백성은 어리석은 아이지만	民焉狂尸恨阿孩古爲賜尸知
그 사랑을 잘 알고 있다네.	民是愛尸知古如
꾸물대며 사는 중생이나	窟理叱大肹生以支所音物生
우리를 잘 먹이고 다스린다면	此肹喰惡支治良羅
이 땅을 버리고 어디로 가리오?	此地肹捨遣只於冬是去於
	丁爲尸知
나라 보전할 것을 알리라.	國惡支持以支知古如
아아! 임금답고 신하답고 백성답게 한다면	後句 君如臣多支民隱如爲
	內尸等焉
나라가 태평하게 되리로다.	國惡太平恨音叱如

충담사는 여기서 중요한 메시지 셋을 경덕왕에게 전하고 있다. 임금과 신하와 백성의 관계는 부모와 자식 사이와 같다는 것, 나라를 다스리는 방법은 백성을 잘 먹게 하는 것에 다름 아니라는 것, 임금과 신하와 백성은 모두 그 직분에 충실해야 한다는 것이 그것이다. 이 노래에는 물론 유가적 정치이상이

함의되어 있다. 『서경』의 ‘백성들을 갓난아이 돌보듯 해야 한다.(如保赤子)’, 『사기』의 ‘백성은 먹는 것을 하늘로 안다.(民以食爲天)’, 『논어』의 ‘임금은 임금답고 신하는 신하다워야 하며, 아버지는 아버지답고 자식은 자식다워야 한다.(君君臣臣, 父父子子)’라 한 구절이 바로 생각나기 때문이다.

충담사는 위의 세 가지를 제대로 하면 태평성세를 이룩할 수 있다고 노래했다. 충담사가 이렇게 유교주의에 입각하여 「안민가」를 지었던 것은 경덕왕이 그 스스로를 종교적 측면에서 미륵에 견주었지만, 정치적 이념으로는 유교를 받아들였기 때문으로 보인다. 이에 따라 충담사는 ‘애민의 마음’, ‘경제의 충족’, ‘직분의 충실’을 내세우며 치국의 방법을 가르쳐 주었던 것이다. 그러나 이어지는 『삼국유사』의 다음 대목을 주목할 필요가 있다. 경덕왕의 실패를 상징적으로 보여주고 있기 때문이다.

경덕왕은 옥경의 길이가 여덟 치였으나 아들이 없었기 때문에 왕비를 폐하여 사량부인(沙梁夫人)으로 봉했다. 후비 만월부인(滿月夫人)의 시호는 경수태후(景垂太后)인데 의충각간의 딸이었다.

일연은 경덕왕이 ‘성기가 크기는 하였지만 아들이 없었다’고 밝히고 있다. 이것은 무엇을 의미하는가. 강력한 리더십이 있었지만 신라의 왕통을 계승할 아들이 없었다는 것으로 해석된다. 성기는 컸지만 기능을 제대로 하지 못했다는 것이다. 여기서 경덕왕은 만월부인을 새로 맞아 아들을 낳아 대를 잇고자 한다.

경덕왕은 만월부인과 혼인한 후, 당시 신라의 대표적인 현자였던 표훈(表訓)대사에게 부탁하여, 상제께 청하여 아들을 얻게 해달라고 한다. 표훈대사는 왕명을 받들어 상제에게 요청하였으나, 상제는 딸은 얻을 수 있지만 아들은 어렵겠다고 했다. 이에 왕은 딸을 아들로 바꾸어 달라고 요청하자, 상제는 그렇게 할 수는 있지만 나라가 위태로울 것이라 했다. 표훈이 이를 사실대로 고하자 왕은 '나라가 비록 위태롭게 되더라도 아들을 얻어 뒤를 잇게 한다면 만족한다.'라고 하여, 마침내 만월부인이 아들을 낳게 되었다. 『삼국유사』는 이어 다음과 같이 전하고 있다.

태자가 여덟 살 되었을 때 왕이 세상을 떠나고 태자가 즉위하게 되었다. 이 분이 혜공대왕이다. 왕의 나이가 어렸으므로 태후가 조정을 돌보았으나 정치가 이치에 맞지 않았다. 이에 도적이 벌떼처럼 일어났으나 막아낼 겨를이 없었으니 표훈대사의 말이 맞은 것이다.

일연은 경덕왕의 죽음과 태자의 즉위, 경수태후의 수렴청정,

도적의 봉기 등을 신속하게 전하고 있다. 경덕왕이 순리를 거스르고 억지로 대를 잇게 했으므로 나라가 위태롭게 되었다는 것이다. 혜공왕은 등극할 때까지 계집아이들의 놀이를 하고 비단 주머니 차기를 좋아하였다고 한다. 그리고 도사(道士)들과 어울려 놀다가 마침내 선덕과 김경신(金敬信)에게 살해당하고 만다. 경덕왕이 『도덕경』을 받아들이며 도사들을 육성해 놓았기 때문이다.

경덕왕은 강한 리더십으로 지배세력간의 분열을 통합하려 하였으나 뜻대로 되지 않았고, 순리를 거스르며 아들로 대를 잇고자 하였으나 이로 인해 나라를 위태롭게 하였다. 종교적으로는 불교를, 정치적으로는 유교를 표방하였으나, 도사들을 길러 통일된 이념을 만들어 내지도 못했다. 오늘날의 한국은 경덕왕 시대에 가깝다. 이념이 엇갈리고 물질이 만능이며, 정신적으로도 매우 해이해져 있기 때문이다. 이러한 때, 민심을 통합하는 것은 카리스마에 있지 않고 조정(調整)의 리더십에 있다.

9. 문장국의 천자 최치원

경주박물관 정문을 들어서면 오른편 잔디밭에 쌍거북으로 된 비석받침[귀부(龜趺)]이 있다. 바로 숭복사(崇福寺)터의 귀부로 경주시 외동읍 말방리에 있던 것을 옮겨 놓은 것이다. 『삼국유사』에 의하면 숭복사는 곡사(鵠寺)라고도 하였는데 토함산 서쪽에 있었다. 숭복사 귀부 위에 세워져 있었을 비에 비명을 쓴 것은 최치원(崔致遠, 857~?)이다. 이것은 지리산 쌍계사의 「진감선사대공탑비명(眞鑑禪師大空塔碑銘)」, 만수산 성주사의 「낭혜화상백월보광탑비명(朗慧和尙白月葆光塔碑銘)」, 희양산 봉암사의 「지증대사적조탑비명(智證大師寂照塔碑銘)」과 더불어 최치원의 사산비명 가운데 하나였다.

사산비명의 문체는 4·6 대우(對偶)와 6·6 대우가 주류를 이룬 전형적인 변려체(駢儷體)다. 이 문체는 산문이지만 시를 지을 때처럼 운율을 중시하여 평측과 압운에 철저하다. 음조의 아름다움을 살린 산문이라 하겠다. 옛글에 나오는 전고(典故)를 많이 사용하면서도 교묘한 비유로 효과를 준다. 이 때문에 함축적이면서도 전아하고 화려하면서도 웅혼하다. 그러나 사상적 내용보다 문장의 수식에 더욱 힘을 기울이는 측면이 있어 고문가(古文家)들에 의해 비판을 받기도 했다.

오늘 우리는 문장으로 이름을 떨쳤던 최치원을 만나고자 한다. 『삼국유사』에도 최치원은 다양하게 등장한다. (1) 「기이·마한」조, (2) 「기이·남해왕」조, (3) 「기이·태종춘추공」조, (4) 「기이·원성대왕」조, (5) 「기이·후백제견훤」조가 대체로 그것이다. (1)에서는 최치원의 『계원필경(桂苑筆耕)』을 인용하며 고구려와 신라의 옛 땅이 마한과 진한이라 하였고, (2)에서는 최치원이 『제왕연대력(帝王年代曆)』에서 우리 임금을 중국식으로

'왕'이라 일컬었다고 했다. 그리고 (3)에서는 오기일(烏忌日)과 관련된 언급을 했고, (4)에서는 앞서 이야기한 숭복사 비문을 최치원이 썼다는 것을 밝혔으며, (5)에서는 고려의 왕건을 대신해 지은 최치원의 국서(國書)를 제시하였다. 일연 역시 최치원의 학식과 문장을 높였기 때문에 기회 있을 때마다 최치원을 떠올렸던 것이다.

최치원이 왕건을 위해 썼다고 하는 고려 국서(國書)는 전문이 실려 있어 특기할 만하다. 이 글을 실제 최치원이 지었는가에 대해서는 전후 사정을 고려할 때 의심이 간다. 그러나 최치원이 당나라에 있을 때 쓴 저 유명한 「격황소서(檄黃巢書)」와 견주어 볼 때 전혀 손색이 없다. 그는 「격황소서」에서 '다만 천하의 모든 사람이 너를 죽이려고 생각할 뿐만 아니라, 땅속의 귀신까지도 이미 몰래 너를 베어버리려고 결정하였다.'라고 하여 반란군의 괴수 황소(黃巢, ?~884)의 기운을 꺾었다고 하지 않았던가. 다음 대목은 『삼국유사』에 전하는 최치원이 왕건을 대신하여 쓴 고려국서의 일부이다.

하늘이 무너질 듯한 나의 원한과 깊은 정성은 모두 극심하여, 매가 참새를 쫓듯이 견마(犬馬)의 수고로움을 다해 두 번째 군사를 일으켜 두 해가 지나갔소. 육지의 전투에서는 우레같이 달리고 번개같이 빨랐으며, 수상의 전투에서는 범처럼 치고 용처럼 뛰어올라 움직이면 반드시 성공하고 손을 쓰면 헛된 일이 없었소.

● 최치원 영정

　왕건이 견훤의 군사를 대적하여 승승장구하는 장면을 쓴 것이다. 이것은 단순한 실용문의 차원을 넘어서 적군의 기운을 꺾고 아군의 사기를 충천케 하는 역할을 했다. 이 같은 내용으로 구성되어 있는 이글은 당랑거철(螳螂拒轍, 제 역량을 생각하지 않고 강한 상대에게 덤벼드는 무모한 행동) 등 다양한 고사를 활용하였을 뿐만 아니라, 낭호지광(狼虎之狂, 이리와 호랑이처럼 미쳐 날뜀) 등 절묘한 비유를 구사하고 있다. 이를 읽고 견훤도 황소처럼 간담이 서늘하였으리라.

　최치원은 동국문종(東國文宗)으로 추앙받는다. 최치원과 문장의 관계를 이야기하는 자료는 여럿 있지만 조선조 중종 때의 문인인 심의(沈義, 1475~?)가 쓴 「대관재몽유록(大觀齋夢遊錄)」은 그 대표적이다. 이 작품은 「기몽(記夢)」이라는 다른 이름을 갖고 있기도 하다. 심의가 설핏 잠이 들었는데, 꿈속에서 우리나라의 역대 문인들이 건설한 이상적인 문장(文章)의 나라에 들어가게 된다. 거기서 우연히 옛 친구인 읍취헌(挹翠軒) 박은(朴誾, 1479~1504)을 만나게 되는데, 그에게 '지금 이 나라의 천자는 어떤 사람인가?'라고 묻는다. 박은은 다음과 같이 대답한다.

> 가야처사(伽倻處士) 최치원이 천자로 계신다네. 몸은 뚱뚱하지만 문장이 놀랍다네. 수상 자리에 앉은 사람은 을지문덕이며, 익재 이제현과 상국 이규보가 좌우상으로 있다네. 거사 김극기, 은대 이인로, 양촌 권근, 목은 이색, 포은 정몽주, 도은 이숭인, 태재 유방선, 사숙재 강희맹, 점필재 김종직 등이 허리에는 서각대를 띠고 이마에는 옥을 붙여 각기 요직을 나누어 맡고 있으며, 관각의 직책을 갖고 있다네. 이색은 대제학을 제수받아 방금 문형(文衡)을 맡았다네.

이처럼 문장국에는 천자 최치원을 중심으로 역대의 쟁쟁한 문인들이 도열하고 있었다. 이 나라에서는 현부(賢否)와 귀천(貴賤), 나이와 지위를 따지지 않고 오직 문장을 잘 짓고 그렇지 못한가에 따라 벼슬을 올리기도 하고 낮추기도 했다. 때로는 문장이 격률에 맞지 않으면 벼슬을 빼앗고 옥에 가두기도 하였다. 당대에 문장으로 이름이 높았던 선배문인 사가 서거정, 용재 성현, 야족당 어숙권 등은 모두 미관말직을 전전하고 있었다. 다음 기록을 보자.

속세에 있을 때 지위가 숭품(崇品)에 이르고 사문(斯文)의 영수가 되었다 하더라도, 문장이 낮으면 모두 문지기나 노비로 삼았다. 이에 비해, 포의의 몸으로 가난하게 지냈으며 비록 백수(白首)가 다 되도록 나그네 신세를 면하지 못한 사람이라 할지라도, 문장이 높으면 가려 뽑아 공경(公卿)과 시종(侍從)의 반열에 참여토록 했다.

문장국은 문장국답게 글의 수준이 어떠한가에 따라 벼슬의 높낮이가 결정되었다. 이 때문에 조선 초기 세종대에서 성종대까지 문병(文柄)을 잡았던 서거정이나 문명을 날렸던 성현 등은 겨우 외임(外任)을 맡아 고금 시인들의 문장에 등급을 매기는 일을 할 뿐이었다. 이것도 제대로 하지 못하여 벼슬을 빼앗기고 감옥에 갇히기도 했다. 여기서 우리는 심의가 현실공간에서 평가되는 것과는 전혀 다른 방향에서의 문장관을 심의가 갖고 있었던 것을 알게 된다.

심의는 현실공간에서 불우했다. 그는 남곤(南袞) 등과 더불어 기묘사화를 일으켰던 심정(沈貞)의 동생으로, 형과 달리 모사를 모르고 직언을 잘하였다. 이 때문에 그는 공신들에게 미움을 사서 여주부 교수(敎授)로 좌천되기도 하였는데, 행동이 광패하고 언동이 직설적이어서 사람들의 호감을 받지 못하였다. 이 같은 현실적 불우를 그는 꿈속에서나마 극복해보고 싶었다. 이 때문에 그가 만든 꿈속의 가상공간에서는 천자 최치원의 총애를 한 몸에 받으며 금자광록대부(金紫光祿大夫)의 관직에 제수되었던 것이다.

「대관재몽유록」에서 특히 흥미로운 것은 문천군수(文川郡守) 김시습(金時習, 1435~1493)의 반란과 그 진압이다. 주인공이 문장 국의 일상에 익숙해질 무렵 김시습이 반란을 일으킨다. 최치 원은 화려하고 아름다움을 숭상하는 만당기(晚唐期)의 인물이니 그가 추구한 것은 당연히 당시풍(唐詩風)일 터이다. 이에 따라 총애를 받아 높은 관직을 맡고 있는 신하들 역시 당시풍을 가 진 문인이었음은 자명하다. 그러나 김시습은 이념과 철학을 중시하는 송시풍(宋詩風)에 힘썼으니 높은 자리에 발탁이 될 수 가 없었다. 이에 불만을 품은 김시습이 급기야 '지금의 천자는 성격이 편벽하여 당률(唐律)만 좋아하니 썩은 학사의 목을 베어 버리고 천자를 바꾸자.'며 반란을 일으킨다.

이에 심의는 이색(李穡)의 추천으로 반란군 토벌이라는 중책을 맡게 된다. 천자가 그에게 많은 군사를 내어 주려하였으나 병(兵) 은 상스럽지 못한 것이라며 거절하고, 소영비술(嘯咏秘術)로 대적 하겠다며 첨두노(尖頭奴) 몇 명만 데리고 적진으로 뛰어든다. '소 영비술'은 피리를 불고 시를 읊조리는 특별한 기술을 말하고, '첨두노'는 머리가 뾰족한 노비이니 붓을 의인화한 것이다. 즉 붓으로 시를 잘 써서 그것을 읊조리며 반란군을 대적하겠다는 것이니, 문장국에서만 있을 법한 독특한 대결의 한 형태이다.

단기에 첨두노 몇 명을 데리고 적진에 뛰어든 주인공이 정 신을 가다듬어 한 곡조의 피리를 불며 시를 읊조리니 반란군의 간담이 서늘해져서 기상이 꺾이었고, 두 번을 부니 수많은 반란군이 흩어져 도망을 갔다. 피리소리가 점점 멀어져가자 채색의 구름이 아지랑이를 걷어내고 난새와 봉황이 와서 춤을 추며 바다와 산이 빛을 바꾸고 천지가 진동을 하니 반란군이 바람처럼 궤멸되고 말았다. 이쯤 되자 적장 김시습이 '사단(詞壇)의 노장이신 심영공(沈令公)께서 오실 줄은 몰랐습니다.'라고 하면서 투항하고 만다. 참으로 싱겁기 짝이 없는 문장국의 전투였다.

이 작품은 당시풍을 대표로 하는 문장국의 천자 최치원이 심의를 내세워 송시풍의 김시습을 제거한다는 것으로 구성되어 있다. 우리는 흔히 당시와 송시에 대해서 여러 가지 비유를 들어 설명한다. 무월(繆鉞)이라는 사람은 작약이나 해당화처럼 짙은 꽃과 화려한 색채가 있는 것이 당시이고, 한매(寒梅)나 추국(秋菊)처럼 그윽한 운치와 서늘한 향기가 있는 것을 송시라 하였다. 이는 노래와 이야기, 가슴으로 쓴 시와 머리로 쓴 시 등으로 일컬어지기도 한다. 당시와 송시를 집중적으로 다루는 자리가 아니니 여기에 대해서는 이쯤 해두기로 하자.

심의는 「대관재몽유록」에서 천자 최치원이 내린 작시(作詩)에 대한 교서도 소개했다. '짐이 듣건대 시에는 구법(句法)이 있으니 평담(平談)하나 천속(賤俗)하지 않고, 기고(奇古)하나 괴벽(怪僻)하지 않으며, 읊조림에는 물상(物象)에 빠지지 않고, 일을 폄에는 성률에 병통이 없어야 함께 시를 논할 수 있다.'라고 한 것이 그것이다. 이처럼 최치원은 문장국의 천자답게 확실한 시론(詩論)을

갖고 벼슬을 주기도 하고 귀양을 보내기도 하였으며, 또한 반란
을 진압하였다. 시론은 통치의 원리와도 같은 것이었다.

문창후(文昌侯) 최치원! 심의가 그렇게 생각하였듯이 그는 문
장국의 천자였다. 일찍이 중국문학이론을 선도하였던 조비(曹
丕)는 「전론논문(典論論文)」에서 '문장은 나라를 경영하는 큰 사
업이며 영원히 썩지 않는 성대한 일'이라고 하지 않았던가. 아
름다운 문장을 들어 함영저화(含英咀華, 꽃봉오리를 입에 머금고 꽃잎
을 씹어 맛보는 것)라 하기고 하고, 위대한 문장을 들어 경신읍귀
(驚神泣鬼, 귀신을 놀라게 하거나 울게 하는 것)라 하기도 한다. 귀천과
빈부로써 높낮이를 삼지 못하는 문장. 제대로 된 글쓰기는 이
렇게 위대한 어떤 작업이다.

● 동백섬의 최치원 동상

10. 변치 않는 저 잣나무처럼

'믿음'을 확실히 가지는 것도 그렇지 않는 것도 모두 위험하다고 한다. 그러나 우리는 믿음 없이 하루라도 살 수가 없다. 가까이로는 나와 가족을 믿고, 멀리는 이웃과 나라를 믿는다. 사람들 사이에는 이 믿음에 대한 더욱 복잡한 마음을 갖게 된다. 이 때문에 이정귀(李廷龜)는 "님을 믿을 것가 못 믿을 손 님이어라, 믿어 온 시절도 못 믿을 줄 알았으니, 믿기야 어려우랴마는 아니 믿고 어이리."라는 시조를 남겼는지 모르겠다.

『논어』을 펼치면 공자가 믿음을 얼마나 소중히 하였던가 하는 것을 바로 알 수 있다. 「술이(述而)」편에는 '공자께서 네 가지로써 가르쳤는데 문(文)·행(行)·충(忠)·신(信)이었다.'라고 하였다. 또한 믿음은 친구와 사귀는데 있어 가장 귀중한 덕목이며, 아랫사람을 부리고 윗사람에게 간하는 데 있어서도 가장 중요한 것이 믿음이라 설파했다. 다시 『논어』의 다음 구절을 보자.

자공이 정치에 대하여 묻자 공자께서 말씀하셨다. "양식을 풍족히 하고, 병(兵)을 풍족히 하면 백성들이 믿을 것[信]이다." 자공이 말했다. "반드시 부득이 하여 버려야 한다면 이 세 가지 가운데 무엇을 먼저 버려야 합니까?" 공자께서 말씀하셨다. "병을 버려야 한다." 자공이 말했다.

• 중국 곡부의 자공여묘처(子貢廬墓處)

"반드시 부득이 하여 버려야 한다면 이 두 가지 가운데
무엇을 먼저 버려야 합니까?" 공자께서 말씀하셨다. "양식
을 버려야 한다. 예로부터 사람은 누구나 다 죽지만, 사람
에게 신의가 없으면 설 수가 없는 것이다."

자공(子貢)은 공자의 제자로 성은 단목(端木)이요 이름은 사(賜)
다. 공문십철(孔門十哲) 가운데 한 사람으로 재아(宰我)와 더불어
언어에 뛰어났다고 한다. 그는 이재가(理財家)로서도 널리 알려
져 있는데, 그의 경제적 원조로 공문이 번창할 수 있었다고 한
다. 이 같은 그가 공자에게 '경제[食]', '군사[兵]', '신의[信]' 가
운데 어느 것이 가장 중요한지를 물었다. 공자는 당연히 인간

사이에서 반드시 있어야 할 것으로 '신의'를 들었다.

공자는 믿음이 없으면 설 자리가 없다고 했다. 사람에게 믿음이 없으면 비록 살더라도 편안히 죽는 것만 못하다는 것이다. 또한 공자는 『논어』 「위정」편에서 '사람으로서 믿음이 없으면 그 가함을 알지 못한다. 큰 수레에 수레채마구리[輗]가 없고, 작은 수레에 멍에막이[軏]가 없으면, 그 어떻게 길을 갈 수 있겠는가.'라고 하였다. '예(輗)'와 '월(軏)'은 모두 소와 수레를 이어주는 역할을 하는 것으로, 이것이 없으면 소가 수레를 끌 수 없게 된다.

믿음에 대한 강조는 『삼국유사』에도 잘 드러난다. 「피은」편의 「신충괘관(信忠卦冠)」조는 그 대표적이다. 나는 『삼국유사』의 이 대목을 읽을 때마다, 『논어』의 '주충신(主忠信)'과 '문행충신(文行忠信)' 등의 구절이 생각난다. 신충은 신(信)·충(忠)과 관련된 사람으로 등장하기 때문이다. 그는 성덕왕 23년(724)에 태자로 책봉된 승경[효성왕의 이름]과 궁정의 잣나무 아래에서 바둑을 두곤 하였다. 왕족인 신충이 궁정에서 태자와 어울릴 기회는 많았을 것이다. 이에 대한 『삼국유사』의 다음 기록을 보자.

효성왕이 아직 왕위에 오르지 않았을 때 현사(賢士) 신충과 궁정의 잣나무 아래서 바둑을 두었다. 일찍이 그에게 말한 적이 있다. "이 다음에 만일 내가 그대를 잊는다면 저 잣나무가 증거가 될 것이다." 이에 신충이 일어나

절을 하였다. 몇 달 후에 왕이 즉위하여 공신(功臣)들에게
상을 주면서 신충을 잊어버리고 등급에 넣지 않았다. 신
충이 원망하여 노래를 지어 잣나무에 붙이자 나무가 갑자
기 누렇게 시들고 말았다. 왕이 괴이하게 여겨 사람을 시
켜 살피게 하였더니 신충이 지은 노래를 찾아 바쳤다. 왕
이 크게 놀라며, "정무에 바빠 하마터면 공신을 잊을 뻔했
구나."라고 하면서 즉시 그를 불러 벼슬을 주자 잣나무가
이에 소생했다.

저 유명한 '날씨가 추워진 다음에야 송백(松栢)이 뒤에 시든
다는 것을 안다.[歲寒然後 知松栢之後彫也](『논어』「자한」)'라는 구절
도 있듯이 송백은 절의를 상징하는 대표적인 사물이다. 그 시
들지 않는 잣나무에 의탁하여 효성왕은 신충에게 맹세를 하였
고, 신충은 그 믿음을 받아들였다. 그러나 효성왕은 왕위에 오
르자 그것을 잊어버렸고, 신충이 잣나무를 시들게 하여 이를
깨우쳐 주었다. 믿음이란 군주에게 있어 무엇보다 중요한 덕
목이기 때문이다. 당시 신충이 지었다는 이른바 「원가(怨歌)」는
이렇다.

물색 좋은 잣이	物叱乎支栢史
가을에도 말라 떨어지지 아니하매,	秋察尸不冬爾屋支墮米
너를 어찌 잊으랴 하시더니	汝於多支行齊敎因隱
우러르던 그 얼굴 변하신 데야.	仰頓隱面矣改衣賜乎隱冬矣也

달그림자 내린 연못의　　　　　月羅理影支古理因淵之叱

지나가는 물결 원망하듯이　　　行尸浪阿叱沙矣以支如支

모습이야 바라보지만　　　　　貌史沙叱望阿乃

세상 모든 것이 싫은 지고　　　世理都之叱逸烏隱第也

원래 10구체 향가인데 뒤의 두 구는 없어졌다고 한다. 1~3구에 효성왕의 이야기를 그대로 옮겨 놓았다. '너를 어찌 잊으랴!'라고 한 것이 그것이다. 이를 통해 신충은 임금으로 하여금 옛날 일을 가장 직접적으로 기억하게 했다. 4구에서 시적 화자는 가눌 수 없는 허탈한 마음을 그대로 표현하고 있으며, 왕의 변한 얼굴을 떠올리기도 했다. 이로써 1구의 변하지 않는 잣나무와 극명하게 대비시켜 놓은 것이다. 5~8구는 실의에 차 있지만 그리움을 그만둘 수 없는 자신의 마음을 여과 없이 표현하였다.

「원가」는 국왕과 신하 사이에 믿음이 가장 중요한 것이라고 말한다. 믿음이 결국 국왕에 대한 충성심으로 환치될 수 있기 때문이다. 신충 역시 국왕의 믿음을 회복한 후, 효성왕 3년(739)에 중용되어 경덕왕 16년(757)에는 상대등이 되어 신하로서 최고의 지위까지 올랐다. 성덕왕·효성왕·경덕왕 3대에 걸쳐 왕의 측근에서 충성을 다하였던 것이다.

『삼국유사』에 의하면 그는 경덕왕 22년(763)에 관직에서 물러나 지리산으로 은둔하였다고 한다. 왕은 은둔한 신충을 두

● 단속사지 삼층석탑

번 불렀으나 나오지 않고 머리를 깎고 승려가 되었는데, 그는 왕을 위하여 단속사(斷俗寺)를 세우고 거기서 평생동안 경덕왕의 복을 빌었다고 한다. 이 단속사는 지금의 경남 산청군 단성면 운리에 그 터만 존재한다. 절터에는 부러진 당간지주와 동서로 삼층석탑 두 기가 있고, 금당이 있었던 곳이나 강당이 있었던 곳에 초석이 남아 있기는 하나 민가가 들어서서 그 규모를 파악하기가 어렵다.

나는 가끔 '믿음'을 생각하며 지리산 기슭의 단속사지를 찾는다. 천 년을 내려오면서 이곳에 살았을 수많은 사람들, 세워졌을 수많은 건물들, 그 속에 형성되었을 다양한 문화를 생각한다. 시간이 달랐고 문화가 달랐지만 믿음은 같은 빛깔이었을 것이다. 믿음은 큰 뜻을 이루어 보려는 마음에 깃든 사랑이다. 그러나 염량세태(炎涼世態)의 전형을 보이는 오늘날, 우리에게 있어 믿음은 참으로 남루한 무엇이다.

11. 갓바위 부처가 입은 세 겹의 옷

『삼국유사』에는 우리 민족의 건국신화를 비롯해서 주요 사찰의 연기설화, 그리고 전통 민속신앙 및 불교신앙과 관련된 자료가 풍부하게 실려 있다. 이 가운데 불교신앙에 대해서는 미타신앙 뿐만 아니라 미륵신앙, 약사여래신앙 등 다양한 색깔의 신앙이 불교적 상상력에 입각하여 재미있게 소개되어 있다. 우리는 오늘 한 가지 소원은 반드시 들어준다는 저 유명한 갓바위(관봉 석조약사여래좌상 : 보물 제431호)를 함께 오르고자 한다. 오랜 세월동안 사람들에 의해 어떻게 인식되어 왔는지를 생각하면서 말이다.

대구문화방송은 2009년 8월 28일과 9월 4일, 2회에 걸쳐 특집 프로그램 「팔공산 갓바위」(연출 공재성)를 방영했다. 공 PD와 나는 파리장서사건을 다룬 기획특집 3부작 「붓의 투쟁」을 통해 만났다. 이 프로그램은 중요한 자료를 새로 찾아내 그동안 우리에게 잘못 알려져 왔던 것을 충실히 교정하는 역할을 했다. 「팔공산 갓바위」역시 꾸준히 취재하고 치밀하게 접근하여 갓바위에 대한 새로운 인식을 가능케 했다. 내가 쓰는 이 글도 이 방송에 일부 빚지고 있는 것이 사실이다.

갓바위가 있는 봉우리를 흔히 관봉(冠峰)이라고 한다. 물론 갓을 쓴 바위가 있기 때문에 붙여진 이름이다. 1872년 제작된 「하양현(河陽縣)고지도」에는 갓바위가 '관암(冠巖)'으로 표기되어 있다. 그리고 대구 쪽에서 갓바위로 오르는 길목에 관암사(冠巖寺)라는 절도 있다. 갓바위로 인해 생긴 절이라는 것을 쉽게 알 수 있다. 갓바위는 '갓+바위'이니 갓을 쓴 부처바위라는 말이다. 그런데 왜 부처가 갓을 쓰고 있을까? 처음부터 갓을 쓰고 있었을까? 입시철만 되면 수험생을 둔 학부모들은 무엇 때문에 이 갓바위를 찾아와 기도를 드릴까?

갓바위는 처음 아미타불로 조성되었다. 「선본암사적기(善本庵寺蹟記)」에 의하면 신라시대 원광(圓光)의 제자인 의현(義玄)이 자신의 어머니를 위해 638년(선덕 7)에 조성하였다고 한다. 그러나 관련 학자들은 불상의 양식으로 보아 8~9세기에 만들어졌을 것이라고 한다. 이 때 처음 조성된 것이 바로 아미타불이었다. 경주 석굴암이나 영주 부석사의 무량수전 등에 봉안된 부처가 모두 아미타불인데, 갓바위 부처 역시 갓을 제외하면 이들과 그 모습을 같이 한다.

아미타불은 서방의 극락세계(極樂世界)에 머물며 설법을 한다고 알려져 있다. 무량수불(無量壽佛)이나 무량광불(無量光佛) 등으로 불리기도 하는데, 서방의 극락정토가 바로 아미타불이 관장하는 세계이다. 많은 사람들은 죽어서 아미타불의 극락세계에 다시 태어나기를 희망한다. 이러한 생각에서 조성된 부처가 전국에 즐비한데, 서방세계를 관장한다고 믿었으므로 아미타불은 대부분 서쪽에서 동쪽을 보고 앉아 있다. 방향을 측정한 결과 갓바위 부처 역시 동해안에서 가장 먼저 해가 돋는 울주의 간절곶을 향해 있다는 것이 밝혀졌다.

그렇다면 아미타불이 무엇 때문에 갓을 썼을까? 갓을 쓴 부처는 없을까? 우리는 여기서 미륵불을 떠올리게 된다. 미륵불은 석가가 열반한 후 56억 7천만년 뒤에 세상에 나타난다고 하는데, 천관(天冠) 혹은 보관(寶冠)을 쓰고 칠보(七寶)로 장식된 마니전상(摩尼殿上)의 사자상좌(師子床座)에 앉아서 설법을 한다고 알려져 있다. 이 천관을 우리 식으로 표현하여 '갓'이 된 것이다. 모두 그런 것은 아니지만, 현재 남아 있는 대부분의 미륵불은 갓을 쓰고 있다. 충남 논산의 은진미륵불, 충북 수안보의 미륵불, 충남 부여의 대조사 미륵불, 전남 영광의 용화사 미륵불 등 허다한 미륵이 그 예이다.

『미륵삼부경(彌勒三部經)』에 의하면 미륵신앙은 대체로 두 가지로 나뉜다. 하나는 미륵상생신앙으로 인간이 죽은 후 미륵보살이 있는 도솔천에 태어나기를 염원하는 신앙이고, 다른 하나는 미륵하생신앙으로 도솔천에 있는 미륵보살이 인간 세상에 내려와 미륵불이 되어서 모든 인간을 고통으로부터 구제

한다는 신앙이다. 우리나라의 경우 미륵하생신앙이 말세적 신앙으로 흔히 나타났다. 후삼국시대의 궁예(弓裔)도 이에 의지하여 스스로를 미륵이라 하였던 것이다. 한말이나 일제강점기에 많이 등장하였던 자칭 미륵불들도 바로 이 미륵하생신앙에 근거한 것이라 하겠다.

원래 아미타불이었던 갓바위 부처도 고려시대의 어느 시점에선가 미륵불로 인식되면서 거기에 걸맞은 천관이 필요했다. 이 때문에 갓바위는 천관, 즉 갓을 쓰게 되었고 그것이 오랜 세월을 거치면서 풍화되어 지금의 형태로 변형되었던 것이다. 이 미륵 신앙이 오랫동안 지속되다가, 일제시대에 이르러 청림 미륵교 사건이 일어난다. 방송에 의하면, 1938년 1월 14일 팔공산을 배경으로 혹세무민한 사이비 종교사건이 일어났다고 한다. 일본 오사카 마이니찌 신문이 호외(號外)를 뿌릴 정도로 이 사건은 전국적으로 떠들썩하였는데, 신도들을 현혹하고 살인까지 저질렀기 때문이다. 이 청림 미륵교에서 미륵불로 신봉하였던 것이 바로 갓바위 부처라는 것이었다.

그렇다면 갓바위 부처가 요즘처럼 약사여래불로 불리게 된 것은 어찌된 일일까? 팔공산은 현재 전국적 차원에서 약사신앙의 중심지로 인식되고 있다. 약합이나 약병을 들고 있건 없건 간에 약사여래불로 알고 믿어왔다. 동화사의 옛 일주문 앞에 있는 마애불은 물론이고 삼성암(三省庵)터에 있는 마애 여래 입상도 약사여래불로 인식된다. 그 가운데서도 관봉(冠峯)의 갓바위는 그 상징적 역할을 했고, 1992년에 조성된 동화사의 통일약사대불은 이를 더욱 증폭시켰다.

갓바위 미륵부처가 약사여래불로 일컬어진 것은 최근의 일인 듯하다. 1962년 3월 백암(栢巖) 스님이 관암사에 들어와 갓바위로 올라가는 길을 내는 등 일련의 사업을 벌이게 된다. 이때 당대의 힘든 상황을 생각하면서 신도들에게 갓바위 부처를 약사여래불로 예경하도록 했다는 것이다. 약사여래불이 병든 중생을 구제하여 현세의 복락(福樂)을 들어준다고 알려져 있으니 많은 사람들이 여기에 동참하였던 것이다. 이것이 전국적으로 알려지게 된 것은 1962년 10월 2일자 동아일보에 의해서다. 이 신문은 '또 하나 약사여래상－팔공산 벼랑 끝에 외로운 좌선 천년'이라는 표제를 내걸고 떨리는 가슴으로 보도했던 것이다.

이처럼 갓바위 부처는 '아미타불→미륵불→약사여래불'로 그 인식을 달리하며 오늘날까지 우리에게 전해지고 있다. 부처나 보살은 원래 성별이 있을 수 없지만 갓바위 부처는 갓을 썼으므로 남성으로 인식되었고, 따라서 사람들은 거기에 알맞은 여성이 필요하다고 여겼다. 이에 경산시 와촌면에 있는 불굴사 석조입불상의 특별히 큰 육계를 족두리로 인식하면서 갓을 쓴 갓바위 부처와 부부의 연을 맺어 주게 된다. 갓을 쓴 것도 그렇지만 남녀의 조화로운 관계를 중시한 조선시대 사람들의 생각이 반영된 것이라 하겠다. 이에 따라 갓바위와 불굴사

사이의 일대 지명을 음양리라 부르게 되었던 것이다.

입시철이 되면 자신의 자녀가 좋은 대학에 가기를 바라는 마음으로 많은 사람들이 갓바위에 오른다. 이것은 갓바위 부처가 쓰고 있는 갓이 학사모(學士帽)로 인식되고 있다는 증거다. 갓바위 주변에서 성혈(聖穴)이 발견되는 것에서도 알 수 있듯이 이곳은 중요한 기도처였고, 따라서 근세까지 기우제를 지내던 신령한 곳이기도 하다. 이 같은 전통과 학사모의 갓이 결합되면서 갓바위 부처는 한 가지 소원을 간절히 빌면 반드시 이루어진다는 효험 제일의 기도도량이 되었던 것이다. 사실 갓바위 부처가 어떤 명호를 갖고 있는가 하는 것은 그리 중요한 문제가 아니다. 무엇을 생각하며 갓바위를 오르고, 무엇을 염원하며 갓바위를 대하는가 하는 것이 더욱 중요하기 때문이다.

• 관봉 석조약사여래좌상(보물 제431호)

여성, 그 찬란한 시련

1. 덕만과 미실의 관계

MBC 창사 48주년 특별 기획드라마 「선덕여왕」이 인기리에 방영된 적이 있다. 인터넷에서는 28회 방영분까지 연속 3회나 전국 시청률 40%를 돌파했다고 하기도 했다. 드라마 「선덕여왕」은 위작논란으로 뜨거웠던 김대문의 『화랑세기』를 바탕으로 만들었다. 이 드라마는 역사적 사실

● 드라마 「선덕여왕」(사진 : mbc)

과는 상당한 거리가 있고, 근거로 한 『화랑세기』와도 다른 점이 많다. 덕만과 김유신의 사랑 이야기 등이 모두 그러한 것이다. 그러나 이것이 문제될 것은 없다. 드라마가 원래 그렇듯이 재미삼아 보면 그뿐이기 때문이다.

드라마에서는 '어출쌍생 성골남진(御出雙生 聖骨男盡, 임금이 쌍둥이를 낳으면 성골 남자가 다한다)'이라는 불길한 예언 때문에 쌍생이었던 덕만은 죽음의 위기에 몰리게 되지만, 오히려 쌍둥이 언니 천명공주가 죽은 후 신라의 여왕이 되기로 결심한다. 마침내 덕만은, '사다함의 매화'로 불리는 가야의 책력으로 왕보다 더한 권세를 누리고 있었던 미실과 불꽃 튀는 지략 대결을 벌여 최후의 승자가 된다. 신라 최초의 여왕으로 등극하게 되었던 것이다.

『삼국사기』「선덕왕」조에 보면, '진평왕이 죽자 그에게는 아들이 없어 나라사람들이 덕만을 세웠다. 나라사람들이 칭호를 올려 성조황고(聖祖皇姑)라 하였다.'라고 기록되어 있다. 선덕여왕은 이름이 덕만(德曼)이고, 왕이 된 후에는 신라 사람들이 '성조황고'라 하였으며, 선덕(善德)은 덕만이 죽고 난 뒤에 붙여진 시호이다. 덕만이 당시 사람들에게 '성조황고'라며 성스럽고 신이한 능력을 가진 인물로 숭앙을 받았으니 『삼국유사』는 당연히 그 일을 기록해 둘만 하였다. 선덕여왕의 지혜에 대한 기록은 『삼국유사』「선덕왕지기삼사(善德王知幾三事)」조가 대표적이다.

덕만이 왕이 될 수 있었던 것은 사실 신라의 독특한 신분제도인 골품(骨品)제도와 관련이 있다. 진평왕이 죽자 왕이 될 수 있는 성골의 남성이 없었고, 이 때문에 성골의 여성이 왕이 될 수밖에 없었던 것으로 보인다. 그러나 신라는 덕만이 좋은 가문에서 태어나 운 좋게 왕이 된 여성이 아니라는 것을 보여줄 필요가 있었다. 이 때문에 지혜와 신이한 능력을 가진 왕으로 백성들에게 널리 알렸고, 이것이 전해지다가 고려시대의 일연을 만나 '지기삼사'로 기록될 수 있었던 것이다.

드라마 「선덕여왕」에서 덕만의 정적으로 나오는 미실(고현정 분)은 여러 장르에서 인기다. 역사학자 이종욱이 쓴 『색공지신 미실』과 양정웅이 연출한 연극 「미실―神國신라의 파랑새 여인」이 있는가 하면, 김별아가 쓴 장편소설 『미실』도 있다. 뿐만 아니라 드라마 「연개소문」에서는 탤런트 서갑숙이 미실역을 맡아 천관녀의 후견인으로 등장하기도 한다. 사정이 이러함에도 불구하고 미실은 『삼국사기』는 물론이고 『삼국유사』에도 나타나지 않는다.

1989년 경남 김해에서 처음으로 김경자 소장본의 『화랑세기』 발췌본이 발견되었고, 이후 이태길에 의해 번역본이 나오기도 했다. 1995년에는 이종욱 교수에 의해 필사본 『화랑세기』가 다시 발견되었는데, 이 책에는 미실이라는 미모의 여인이 신라의 권력자로 등장하여 왕과 화랑들 사이에서 많은 연문을 뿌린다. 특히 이 책의 6세 풍월주 세종조에는 미실과 사다함의 사랑이야기가 나와 흥미롭다.

　몸을 바쳐 왕과 왕실의 남성들을 섬기는 색공(色供)으로 진흥왕, 진지왕, 진평왕 등 3대를 내리 모셨던 미모의 미실은 15~6세에 세종의 궁에서 쫓겨나 화랑 사다함과 사랑에 빠진다. 그 후 가야가 반란을 일으키자 진흥왕은 태종에게 명하여 진압하게 하였는데, 사다함이 그 선봉에 서고자 한다. 나이가 어렸기 때문에 허락되지 않았으나 몰래 낭도를 거느리고 출정하여 가야군을 대파한다. 사다함이 전쟁터로 나갈 때 미실은 그가 무사히 돌아오기를 기원하며 노래를 불렀다. 「송출정가(送出征歌)」가 그것인데, 흔히 바람과 물결의 비유로 노래했기 때문에 「풍랑가(風浪歌)」라 하기도 한다. 만약 『화랑세기』가 위작이 아니라면 561년에 지은 이 노래가 가장 오래된 신라의 향가가 된다.

바람이 분다고 해도	風只吹留如久爲都
임 앞에 불지 말고	郎前希吹莫遣
물결이 친다고 해도	浪只打如久爲都
임 앞에 치지 말고	郎前打莫遣
빨리 빨리 돌아오라.	早早歸良來良
다시 만나 안고 보고	更逢叱那抱遣見遣
아흐, 임이여 잡은 손을	此好 郎耶 執音乎手乙
차마 물리라뇨?	忍麽等尸理良奴

　이렇게 위로를 받고 떠난 사다함은 전공을 세우고 돌아와 미실을 찾았지만, 그녀는 다시 궁중으로 들어가 이미 세종의 아내가 된 후였다. 사정이 이렇게 되자 사다함은 미실을 그리워하며 '파랑새야 파랑새야 저 구름 위의 파랑새야, 어찌하여 다시 구름 위로 날아갔느냐? 왔으면 가지나 말지 갈 것을 무엇 때문에 왔느냐?'라며 「청조가(靑鳥歌)」를 지어 슬프게 노래 부른다. 『화랑세기』에는 절친한 친구 무관랑이 죽자 그 역시 얼마 후 죽었다고 하였지만, 그의 직접적인 사인(死因)은 아마도 미실에 대한 상사병이었을 것이다.

　화랑 사다함을 죽게 했던 미실은 현전하는 역사서에는 보이지 않는다. 필사본 『화랑세기』를 사실로 보면, 미실의 존재에 대한 역사적 망각은 다분히 정치적이다. 선덕여왕과 처절하게 대적하다 죽었으니 그녀의 흔적이 남아 있을 리 만무하다는 것이다. 드라마에 의하면 미실은 책력을 이용하여 하늘의 운행을 알았고, 이것으로 백성들 위에서 신적인 존재로 군림할 수 있었다고 한다. 그러나 덕만은 첨성대를 만들어 하늘의 운행을 과학으로 설명하려 하였고, 불교로 민심을 통합하려 하였다. 그녀가 가진 가장 무서운 무기는 '합리', 바로 그것이었다.

2. 선덕여왕의 사랑법

그리고,

이 생명 다하도록, 이 생명 다하도록

뜨거운 마음 속 불꽃을 피우리라.

태워도 태워도, 재가 되지 않는

진주처럼 영롱한 사랑을 피우리라.

가수 윤시내가 열창하여 80년대 대중의 인기를 사로잡았던 「열애」의 한 소절이다. 이 노래는 호소력 있는 창법과 간절하게 전달되는 사랑의 정념(情念)으로 사람들의 가슴 속을 깊이 파고들었다. 위의 가사에서 보듯이, 사랑은 불꽃으로 이미지화되면서 특별한 관계를 맺는다. 이 둘은 시대를 초월하여 우리 겨레의 마음속에 끊임없이 이어지고 있었다. 『구약성서』에도 사랑을 일러 '어떤 불길이 그보다 거세리요?'라고 하였으니 사랑과 불꽃의 함수 관계는 인류의 보편정서라 해도 무방하다. 어느 젊은 남녀가 다정히 앉아 "사랑의 향기가 나지 않니? 너를 향해 내 가슴이 타고 있는데……"라고 할 법도 하다. 강렬한 사랑과 타오르는 불꽃의 관계를 가장 극적으로 묘사한 것은 바로 지귀(志鬼)설화이다. 이를 간략히 소개하면 다음과 같다.

신라 활리역에 지귀라는 사람이 살았다. 그는 우연히 선덕여왕을 먼발치에서 보고 그 아름다움에 취해 사모하게 되었다. 그때부터 여왕 보기를 여러 번 시도했으나 성공하지 못하여 마침내 사무치는 그리움을 이기지 못하여 상사병에 걸리고 말았다. 지귀의 이 이야기를 전해들은 여왕은 모월 모시쯤에 불공을 드리러 갈 터이니 그 때 만나자고 하였다. 이 말을 전해들은 지귀는 너무 기뻐 잠도 자지 않고 며칠 밤낮을 흥분으로 지새웠다. 그날이 오자 지귀는 새벽부터 여왕의 행차를 기다리다 그만 잠이 들고 말았다. 선덕여왕은 곤히 잠든 그를 보고 자신이 차고 있던 팔찌를 빼서 그의 가슴에 살포시 얹어 두고 궁으로 돌아왔다. 잠에서 깨어난 지귀는 여왕이 간 것을 알고 애절하게 울면서 탄식하다가 마음속에 불이 붙어 자신을 활활 태우며 불귀신이 되어 탑을 빙빙 돌았다. 불귀신이 된 지귀는 닥치는 대로 건물을 태우며 나라를 어지럽혔다. 이를 안타까워한 여왕은 주문을 지어 지귀를 물리치도록 했는데, 그 후 백성들은 이 주문을 외우고 집에 붙여 화재를 막았다.

이 이야기는 『삼국유사』 권4 「이혜동진(二惠同塵)」조에 영묘사 화재사건과 관련하여 간단히 소개되어 있다. 대체적인 이야기는 권문해가 쓴 『대동운부군옥(大東韻府群玉)』의 「심화요탑(心火繞塔)」을 통해서 알 수 있는데, 『신라수이전(新羅殊異傳)』에서 인용한 것이라고 한다. 같은 이야기가 인도의 고승 용수가 쓴 『대지도론(大智度論)』에 '술파가 이야기'로 남아 있어 술파가 이

● 선덕여왕 영정(부인사 소장)

야기가 신라로 들어와 신라적 내용으로 재구성되었다는 것을 알 수 있다. 「심화요탑」은 '선덕 여왕에 대한 지귀의 일방적인 사랑→선덕여왕과 지귀의 만남과 이별→불귀신으로 변한 지귀의 횡포→주문을 지어 화재를 예방함'으로 구성되어 있다. 여기에는 다음 몇 가지 의미가 내포되어 있어 좀 더 깊이 생각해볼 만하다.

첫째, 백성과 소통하는 임금의 마음이다. 이 설화는 얼핏 보아 신분을 초월한 낭만적 사랑 이야기로 읽힌다. 그러나 이렇게 읽고 말면 중요한 메시지를 놓치고 만다. 임금과 백성의 신뢰에 기반한 사랑이 전제되어 있기 때문이다. 지귀는 여왕의 행차를 멀리서 보고 사랑에 빠지게 되었으며 이로 인해 전전궁궁하며 울다가 상사병에 걸린다. 맹목적인 사랑이다. 이에 여왕은 노숙자에 지나지 않는 지귀에게 황금 팔찌를 선사하며 그의 마음을 품어준다. 갓난아이를 돌보는 어머니 같은 선덕여왕, 이 같은 마음을 여기서 읽을 수 있다. 선덕여왕은 이처럼 백성을 갓난아이같이 보살피고자 했던 것이라고 설화는 전한다.

둘째, 반역하는 백성을 다스리는 법이다. 선덕여왕은 지귀의 마음을 보듬어 커다란 사랑을 베푼다. 여왕은 불공을 드리기 위하여 영묘사에 행차하다가 지귀의 이야기를 전해 듣고 모월 모시쯤 다시 절에 불공을 드리러 갈 터이니 그 때 자신을 알현할 특권을 주겠노라고 했다. 이 같은 자비에도 불구하고 그는 잠을 자다가 스스로 천재일우의 기회를 놓치고 만다. 나아가 불귀신으로 변하여 백성들을 괴롭힌다. 이것은 선덕여왕이 자식을 보살피듯 백성을 다스렸음에도 불구하고 이에 역행하는 백성이 있었다는 것이다. 사정이 이렇게 되자 반역으로 규정하고 그를 나라에 발을 붙이지 못하도록 멀리 바다 밖으로 내쫓는다. 왕으로서의 권위와 지혜를 일러두는 대목이라 하지 않을 수 없다.

셋째, 선덕여왕의 서늘한 사랑법이다. 여왕은 자신을 사모하다가 불귀신이 된 지귀를 주문으로 물리친다. 그 주문은, "지귀의 마음속 불, 자신을 태우고 불귀신이 되었구나. 저 멀리 바다 밖으로 흘려보내, 다시는 보지도 말고 친하지도 않으리!"라는 것이었다. 그러니까 여왕은 먼저 자신의 팔찌를 주어 불붙은 지귀의 마음을 다스리게 했고, 이것이 여의치 않자 나와 너 사이에 서늘한 바다를 두자고 한 것이다. 불같은 정념은 자신을 태우고 상대를 태우고 그리하여 마침내 세상을 태운다. 이것은 뜨거워진 마음을 제대로 다스리지 못해 발생한 사태다. 이 때문에 여왕은 서늘한 것으로 조율된 사랑, 이것을 지금 주문하고 있는 것이다.

지귀설화에는 영원한 사랑에 대한 뚜렷한 한계가 제시되어 있다. 그것은 신분적 한계일 수도 있고, 남녀간의 사랑이 지닌 본질적인 한계일 수도 있다. 그 한계가 결국에는 화재예방이라는 전혀 엉뚱한 것으로 전환되지만, 여왕을 사랑한 신라의 백성 지귀는 우리에게 있어 안타깝기 그지없다. 그는 먼 바다에서 '물[水]'을 누르지 못하는 '불[火]'로 선덕여왕을 그리워하며 아직도 맴돌고 있을 것이기 때문이다. 드라마「선덕여왕」이 대중의 인기를 독차지하고 있을 즈음, 그의 마음은 다시 한 번 타들어갔을 것이다. 서정주의 시를 읽으며 이 같은 마음을 다스려 볼 일이다.

> 햇볕 아늑하고
> 영원(永遠)도 잘 보이는 날
> 우리 데이트는 인젠 이렇게 해야지…
>
> 내가 어느 절간에 가 불공(佛供)을 하면
> 그대는 그 어디 돌탑(塔)에 기대어
> 한 낮잠 잘 주무시고
>
> 그대 좋은 낮잠의 상(賞)으로
> 나올 때 내 금팔찌나 한 짝
> 그대 자는 가슴 위에 벗어서 얹어 놓고
> 그리곤 그대 깨어나거든
> 시원한 바다나 하나
> 우리 둘 사이에 두어야지.
>
> …우리 데이트는 인젠 이렇게 하지.
> 햇볕 아늑하고

영원(永遠)도 잘 보이는 날

서정주의 「우리 데이트는」이라는 작품의 전문이다. 그는 지귀설화에 많은 관심을 가져 '살(육체)의 일로서 살의 일로서 미친 사내에게는 / 살 닿는 것 중 그중 빛나는 황금 팔찌를 그 가슴위에 / 그래도 그 어지러운 불이 다 사라지지 않거든 / 다스리는 노래는 바다를 넘어서 하늘 끝까지(「선덕여왕의 말씀」)'라고 하기도 했다. 서정주는 위의 시에서 영원한 사랑을 노래했다. 사랑에서의 영원이란 무엇인가. 이것은 뜨거움만으로는 불가능하다. 어쩌면 내가 불공을 드릴 때 그대는 낮잠을 자는 것이고, 시원한 바다를 나와 너 사이에 두는 것이다. 햇볕 아늑하고 영원도 잘 보이는 그런 날을 꿈꾸면서 말이다.

3. 여왕의 길, 그 험난한

덕만은 신라 최초로 여왕이 되었다. 이 때문에 재위 기간 14년 동안 안팎으로 시련이 많았다. 안으로는 사회적 동요와 함께 반정세력이 등장하였고, 밖으로는 주변국인 백제와 고구려에서 공격을 자주 해왔다. 백제는 독산성과 대야성을 침략하였고, 고구려는 칠중성과 당항성을 공략하였던 것이다. 이뿐만이 아니다. 당나라 태종은 여왕폐위론(女王廢位論)까지 들고 나왔다. 『삼국사기』 「선덕왕본기」 12년 9월조에 이렇게 기록되어 있다.

> 너희 나라는 부인을 임금으로 삼은 까닭에 이웃 나라로부터 업신여김을 당하니 이는 임금 없이 적을 받아들이는 격이어서 해마다 편안할 때가 없다. 내가 장차 종친 한 사람을 보내 너희 나라의 임금으로 삼되, 그가 홀로 가서 왕 노릇을 할 수는 없는 노릇이니 마땅히 군사를 보내어 보호케 하고자 한다. 너희 나라가 안정된 후에 스스로 지키면 되지 않겠느냐?

당시 백제와 고구려가 동맹을 맺고 신라를 공격한다는 소문이 있었다. 이에 놀란 선덕여왕은 나라를 구하기 위하여 당나라로 사신을 보내 원군(援軍)을 요청한다. 이듬해 당태종은 고구려에 사신을 보내 신라를 치면 공격하겠다고 협박하기도 하지만, 한편으로는 위와 같이 신라를 능멸하고 여왕을 업신여겼다. 선덕여왕에 대한 폄하의식을 분명히 드러냈던 것이다.

내우외환이 끊이지 않자 김유신(金庾信)과 자장(慈藏) 등 측근들은 선덕여왕을 적극적으로 지지하는 노력을 하지 않을 수 없었다. 이에 전략을 세워서 여왕이 안으로 지혜로울 뿐만 아니라 바깥으로도 남성 이상의 능력을 갖고 있다는 것을 대내외에 과시하였다. 여기에 대한 구체적인 노력의 결과로 만들어진 것이 바로 『삼국유사』 「선덕왕지기삼사(善德王知幾三事)」조와 「황룡사구층탑(皇龍寺九層塔)」조의 설화다. 널리 알려진 이야기이긴 하지만 우선 앞의 것부터 보자.

영묘사 옥문지(玉門池)에서 겨울철인데도 많은 개구리들이 모여 3~4일 동안이나 울었다. 나라 사람들이 이상하게 생각하여 왕에게 물었더니, 왕이 급히 각간 알천·필탄 등에게 명하여 정예병 2천을 뽑아 속히 서쪽 교외로 가서 여근곡을 물으면 거기에 반드시 적병이 있을 것이니 그들을 엄습하여 죽이라고 하였다. 두 명의 각간이 명을 받고 각기 병사 1천명을 거느리고 서쪽 교외로 가서 물었더니 과연 부산(富山) 아래 여근곡(女根谷)이 있었다. 그곳에 와 숨어 있는 500명의 백제 군사를 모두 잡아 죽였다.

선덕여왕이 미리 알아낸 세 가지 일은 위의 이야기와 함께, 당 태종이 보낸 모란꽃을 보고 향기가 없을 것이라고 예언한 것, 자신이 죽을 날짜를 미리 안 것 등이다. 위의 지문은 이 가운데 여근곡에 백제의 병사가 숨어 있다는 것을 알고 척살한 이야기다. 신하들이 '어떻게 미리 알았습니까?'라고 묻자, 선덕여왕은 개구리의 성난 모습은 병사의 형상이며 옥문은 여자의 음부이다. 여자는 음이요 그 색깔이 흰색이며, 흰색은 서쪽이기 때문에 서쪽에 병사가 있음을 알았다. 남자의 성기가 여자의 음부에 들어가면 반드시 죽는다. 그래서 적병을 쉽게 잡을 줄 알았다.'라고 하였다고 한다.

• 여근곡

　모란꽃 이야기에서는 '나의 남편 없음을 업신여긴 것'이라 하고 있지만, 사실 선덕여왕은 결혼을 한 것으로 역사서는 전한다. 『삼국유사』「왕력」에 의하면 선덕여왕의 남편이 음갈문왕(飮葛文王)이었다고 하고, 위작 시비가 있는 『화랑세기』에서는 용수와 용춘 형제―『삼국유사』에서는 동일 인물로 보고 있다―, 그리고 대신 을제공과도 혼인을 한 것으로 되어 있다. 음갈문왕이 누구인지에 대해서는 분명치 않다. 이 분야 학자들은 '음(飮)'자가 '반(飯)'과 비슷하니, 판각과정에서의 오류로 보아 덕만공주의 삼촌인 백반(伯飯)일 가능성이 있다고 한다. 어쨌든 이처럼 결혼을 해본 경험이 있었으므로, 선덕여왕은 남녀 교합에 입각한 개구리와 여근곡 이야기를 자연스럽게 할 수 있었을 것이다.

선덕여왕의 측근들은 여왕의 내적 지혜뿐만 아니라, 외적 위용(威容) 역시 강력하게 드러낼 필요가 있었다. 이 때문에 첨성대(瞻星臺)를 지어 하늘의 운행을 잘 아는 여왕으로, 석장사·범림사·영묘사·분황사·황룡사 등 수많은 사찰을 건립하여 불교로 민심을 수습하는 여왕으로 이미지화 하였다. 특히 황룡사 9층탑은 여왕이기 때문에 위엄이 없다는 여론을 무마시키는 데 결정한 역할을 하였으며, 이로써 흩어진 민심 역시 통합할 수 있었다. 다음은 『삼국유사』 「황룡사구층탑(皇龍寺九層塔)」 조의 일부이다.

자장(慈藏)이 중국 태화지(太和池) 옆을 지나는데 홀연히 신인이 나타나서, "어찌하여 이곳에 왔소?"라고 물었다. 이에 자장이 "깨달음을 구하러 왔습니다."라고 하자, 신인은 그에게 절하며 다시, "그대의 나라에 무슨 어려움이 있소?"라고 물었다. 자장이, "저희 나라는 북쪽으로는 말갈에 닿아 있고 남쪽으로는 왜인(倭人)들과 접해 있으며 고구려와 백제 두 나라가 번갈아 국경을 침범하여 이웃나라 적들이 함부로 날뛰니 이것이 백성의 걱정입니다."라고 했다. 이에 신인이, "그대의 나라는 여자를 왕으로 삼았기 때문에 덕은 있으나 위엄이 없어 이웃 나라가 침략을 도모하는 것이니, 빨리 본국으로 돌아가야 할 것이오."라고 하였다.

자장과 신인의 대화에서 보듯이 적국이 침범하여 나라가 어지러운 것은 여자가 왕이기 때문이라는 것이다. 이에 자장이 그 방책을 물으니 신인은 '본국에 돌아가 황룡사 안에 9층으로 된 탑을 세우면 이웃 나라들이 항복할 것'이라고 하였다. 이 말을 듣고 자장은 고국으로 돌아와 선덕여왕과 논의하여 황룡사 9층탑을 세웠다. 학설에 따라 다르기는 하나, 최고 79.9m의 장대한 높이였다. 각 층은 이웃 나라로부터 재앙을 진압하자는 뜻에서, 1층은 일본(日本), 2층은 중화(中華), 3층은 오월(吳越), 4층은 탁라(托羅), 5층은 응유(鷹遊), 6층은 말갈(靺鞨), 7층은 단국(丹國), 8층은 여적(女狄), 9층은 예맥(穢貊)을 배당시켰다.

● 황룡사9층탑 모형도(국립경주박물관)

선덕여왕은 신라 최초의 여왕이었으니 말들이 많았을 것임에 틀림이 없다. 『삼국사기』의 저자 김부식조차 「선덕왕」조 말미에, '신라는 여자를 세워 왕위에 두었으니 진실로 난세(亂世)의 일이며 이러고도 나라가 망하지 않은 것이 다행이었다.'라며 극단적인 평을 하였다. 그러나 선덕여왕은 어떤 남성왕에 견주어 보아도 국가의 통치와 경영에 손색이 없었다. 손색이 없었을 뿐만 아니라 오히려 삼국통일을 위한 기반을 성실히 닦아나갔다.

『삼국유사』를 통해 우리는 수많은 고대의 여성을 만날 수 있다. 그것은 기층에서부터 제왕에 이르기까지 다양하다. 욱면은 계집종으로서 부처가 되었고, 박제상의 아내는 죽어서 치술령의 신모(神母)가 되었다. 이 가운데 가장 돋보이는 인물은 단연 선덕여왕이다. 그녀는 한계를 두려워하지 않고 원대한 꿈을 꾸며 노력하였다. 그 결과 마침내 왕이 되었고, 왕이 된 후에는 수많은 도전을 슬기롭게 대처하며 강한 신라를 만들어갔다. 바로 이 점이 여왕 선덕의 위대한 점이라 하겠다.

4. 나의 아내는 관세음보살

여기에 하나의 이야기가 있다. 어느 신심(信心)이 돈독한 스님 한 분이 스승을 찾아 열심히 수도하면서 관세음보살을 찾았다. 그러기를 십 수 년, 그의 스승은 이제 자신에게 더 배울 것이 없다고 하면서 한 나무꾼을 일러주며 찾아가 보라고 했다. 바람이 세차게 부는 한 겨울이었지만 스님은 스승이 가르쳐주는 대로 깊은 산 속으로 찾아갔다. 스승의 말대로 거기에 어떤 나무꾼이 딸 한 명과 살고 있었다. 스님은 자신이 찾아온 이유를 말하고 그 나무꾼에게 자신을 제자로 받아 줄 것을 청하였다. 그러나 나무꾼은 스님을 밖으로 내쳤다. 스님은 여기에서 물러서지 않고 그의 몸에 눈이 덮이는 것도 모르고 밖에서 죽기를 각오하고 자신을 받아줄 것을 간청했다. 7일 동안이나 이렇게 하자 나무꾼은 그의 신심을 인정하고 또 그의 딸을 아내로 맞아 살게 하였다.

그러나 나무꾼은 3년이 지나도록 관세음보살이 계시는 곳으로 인도해 주지 않았을 뿐만 아니라 숯 굽고 밭 가는 일 등 고된 일만 시켰다. 이에 스님은 자신이 수도할 곳이 아니라고 생각하고 그곳을 도망쳐 나왔다. 산 아래로 한참을 내려와 물을 건너가려고 할 때 물에 비치는 한 사람의 아름다운 얼굴이 있었다. 바로 자신이 아내로 맞아 살았던 그 여인이 관세음보살의 모습으로 나타난 것이 아닌가! 그때 그 스님은 깨달았다. 자신과 살을 부비며 지내던 그 분이 바로 관세음보살이었다는 사실을. 그리하여 그는 자신이 떠나온 곳을 다시 찾아갔다. 그러나 그 스스로가 조금 전까지 걸어온 곳엔 나무들만 무성하게 서 있을 뿐 길은 사라지고 보이지 않았다. 통곡하면서 힘껏 관세음보살을 외쳐 보았으나 외로운 메아리가 허공에 가득할 뿐 아무런 응답도 없었다.

우리는 여기서 자신과 가장 가까이 있는 그 사람이 가장 귀한 존재라는 것을 새삼 깨닫게 된다. 이 평범한 진리를 오늘날 우리들은 대체로 잊고 사는 것 같다. 너무 가까이 있기 때문에 그 소중한 가치를 망각해 버린다는 것이다. 공기나 물의 존재처럼 말이다. 관세음보살은 전국의 수많은 사찰에 모셔져 있는 보살상도 아니고, 아주 멀고 높은 데 있어 우리가 도저히 접근할 수 없는 곳에 있는 것도 아니다. 나와 항상 함께 있는 그 평범한 사람이 관세음보살이며, 나의 아내가 바로 관세음보살이다.

관세음보살은 중생의 온갖 두려움을 없애는 무외심(無畏心)을 베푼다는 뜻에서 시무외자(施無畏者)라고도 한다. 그는 중생을 재난으로부터 구제해 주고 지혜의 방편으로 중생의 근기에 따라 시방세계의 어디에서든지 몸을 나타내지 않는 곳이 없다. 여러 가지 모습으로 나타난다고 하여 보문시현(普門示現)이라고 하며 33신이 있다. 관음신앙은 예전부터 우리나라에 민간신앙의 형태로까지 널리 보편화되었다.

• 기림사의 천수천안 관세음보살상

어려운 일을 당할 때 관세음보살의 명호를 부르면 그 재난을 극복하고 복을 받을 수 있다고 믿어 왔다.

보살에게는 성별이 있을 수 없다. 그러나 자비가 부드러운 것으로 이미지화 되어 있으므로 관세음보살은 주로 여성으로 표현된다. 이 때문에 앞에서 든 이야기에서도 알 수 있듯이 관세음보살은 구도자의 아내로 등장할 수 있었던 것이다. 그리고 관세음보살은 천 개의 눈으로 세상 사람들의 고통을 보고, 천 개의 손으로 그 고통을 어루만져 준다고 믿었다. 이 때문에 천수천안관세음(千手千眼觀世音)보살로 일컬어졌던 것이다. 이 같은 생각에 입각하여 『삼국유사』에 「분황사천수대비맹아득안(芬皇寺千手大悲盲兒得眼)」조가 성립되었다. 구체적인 이야기를 향가와 함께 보자.

경덕왕 대에 한기리(漢歧里)에 사는 여인 희명(希明)에게 아이가 태어나서 다섯 살이 되자 갑자기 눈이 멀었다. 하루는 그의 어머니가 아이를 안고 분황사(芬皇寺)로 가서 왼쪽 전각 북쪽 벽에 그려진 천수대비 앞에서 아이를 시켜 노래를 부르면서 빌게 하였더니 마침내 눈을 뜨게 되었다. 그 노래는 다음과 같다.

무릎을 꿇으며	膝肹古召旀
두 손을 모아	二尸掌音毛乎支內良
천수관음 앞에	千手觀音叱前良中

빌고 사뢰나이다.	祈以支白屋尸置內乎多
천 개의 손과 천 개의 눈에서	千隱手○叱千隱目肹
하나를 놓고 하나를 덜어	一等下叱放一等肹除惡支
두 눈 감은 나에게	二于萬隱吾羅
'하나를 주소서'라며 매달립니다.	一等沙隱賜以古只內乎叱等邪
아아, 나에게 끼치어 주신다면	阿邪也 吾良遺知支賜尸等焉
놓아 주시는 그 자비 뿌리 되오리다.	放冬矣用屋尸慈悲也根古

제시된 10구체의 향가는 흔히 「천수관음가」, 「도천수대비가」, 「천수대비가」, 「맹아득안가」 등으로 불린다. 화를 멀리하고 복을 부르는 축사진경적(逐邪進慶的) 성격이 짙고 주술성도 강하다. 그러나 그 주술성은 명령이나 강제에 의한 것이 아니라 종교적 믿음으로 신격(神格)에 의지하여 자신이 구제되기를 바라는 것으로 처리되어 있다. 따라서 종교적 서정성까지 확보하고 있다.

『삼국유사』에 나오는 많은 이야기가 그렇지만, 위 이야기도 여성과 깊은 관련이 있다. 선덕여왕이 634년(선덕 3) 연호를 인평(仁平)이라 고치고 분황사(芬皇寺)를 창건하였으니 절 자체가 이미 여성적이다. 분황, 즉 '향기 나는 황제'란 바로 선덕여왕을 가리킬 수 있기 때문이다. 사실 '분황'은 '연꽃 황제', 즉 부처를 뜻한다. '분(芬)'은 범어(梵語)의 '분타리(芬陀利, pundarika)'에서 온 것으로, 이것은 활짝 핀 연꽃을 의미한다. 그러니까 선덕여왕이 바로 부처라는 사실이 '분황'이라는 사찰의 이름에

강하게 내포되어 있음을 알 수 있다.

눈먼 아이의 어머니 희명도 여성이다. 그녀는 천수대비 전에서 아이의 눈을 달라며 광명을 희원했고 또 그렇게 되었다. 우리는 여기서 이 이야기가 상징하는 것이 간단하지 않다는 것을 알게 된다. 눈먼 아이가 고해에 허덕이는 중생일 수 있기 때

● 분황사의 모전석탑

문이다. 이렇게 보면 모성으로 표현된 희명은 중생에게 광명을 주는 관세음보살이 된다. 관세음보살은 산스크리트어 아바로키테슈바라(Avalokitevara)를 의역(意譯)한 것인 바, 자비로 중생의 괴로움을 구제하며, 다른 이름으로 광세음(光世音)보살이라고도 하기 때문이다. 사욕에 눈이 먼 중생에게 광명의 빛을 던져주는 존재인 것이다. 『삼국사기』 권48 「솔거전」에는 분황사에 솔거가 그린 관세음보살상이 있었다고 하니 분황사는 관음사상으로 가득한 곳이라 하겠다.

오늘날 우리는 관세음보살을 다시 생각한다. 강함보다 부드러움이, 질러가는 다급함보다 돌아가는 여유가, 고속도로의 속도보다 강의 넉넉함이 필요한 시대이다. 근대(近代)는 여성의 부드러움보다 남성의 근육을 요구했다. 그러나 그 근육이 폭력과 파괴를 동반한다는 사실을 우리는 너무나도 잘 알고 있다. 신라의 여인 희명이 간절히 소망했던 것처럼 개안(開眼)하

는 사람이 많았으면 좋겠다. 그리고 진리가 멀고 높은 데 있는 것이 아니라 가깝고 낮은 곳에 있다는 것을 자각하면서 온누리에 자비가 넘쳐흐르는 그런 날이 왔으면 좋겠다. 우리 모두의 건강과 행복을 천수천안 관세음보살 전에 축원드린다. 나무관세음보살마하살!

5. 꽃, 눈부신 언어

들판의 꽃들을 본다. 지천으로 눈부시다. 서정주는 「상리과원(上里果園)」이라는 시에서, "꽃밭은 그 향기만으로 볼진대 한강수(漢江水)나 낙동강(洛東江) 상류와도 같은 융륭(隆隆)한 흐름이다. 그러나 그 낱낱의 얼굴들을 볼진대 우리 조카딸년들이나 그 조카딸년들의 친구들의 웃음판과도 같은 굉장히 즐거운 웃음판이다."라고 했다. 그리고 이들 꽃들의 웃음판을 보면서, "세상에 이렇게도 타고난 기쁨을 찬란히 터뜨리는 몸뚱어리들이 또 어디 있는가."라고 하기도 했다. 우리는 여기서 작열하는 생명력을 꽃으로부터 감지한다. 이와는 달리 시들어 가는 꽃에서 아름다움을 찾기도 한다. 다음 시조를 보자.

고울사 저 꽃이여 반만 여읜 저 꽃이여
더도 덜도 말고 매양 그만 허여 있어

춘풍에 향기 좇는 나뷔를 웃고 맞어 허노라

고종 때의 가객 안민영(安玟英, 1816~?)이 지은 시조이다. 이를 요즘말로 쉽게 옮기면, '고울시고 저 꽃이여, 반쯤 시든 저 꽃이여! 더도 덜도 말고 언제나 그런 모습을 하고 있어, 봄바람에 향기 좇는 나비를 웃으며 맞이하려무나.'가 된다. 이 작품은 사라져가는 것에 대한 아름다움과 함께 젊음에 대한 동경이 동시에 나타나고 있어 흥미롭다. 초장의 '고울사'와 '반만 여윈 저 꽃'은 반쯤 시든 꽃에도 아름다움이 있다는 것을, 중장의 '매양 그만 허여 있어'는 더 이상 시들지 말라는 당부가 배어 있기 때문이다.

이 시조 역시 생명에 대한 찬사가 깃들어 있어 서정주의 것과 같은 맥락에서 읽힌다. 반쯤 시든 꽃이지만 그 꽃은 아직 향기를 지니고 있으므로 나비를 불러들인다. 그리고 그 나비를 웃으며 맞이한다고 하여 '꽃'과 '나비'로 상징되는 소통관계, 그 생명현상을 '웃음'을 통해 창출한다. 이 세상에 생명만큼 귀한 것이 있을까? 생명을 예찬하는 자는 꽃을 사랑한다. 서정주는 피어나는 꽃에서, 안민영은 시들어가는 꽃에서 생명을 감지하고 그것을 예찬하고 있었던 것이다.

『삼국유사』에도 꽃 이야기가 여러 차례 나온다. 「진성여왕 거타지(眞聖女王居陀知)」조에 나오는 서해신(西海神)의 딸이 화하여 된 꽃, 「선덕왕지기삼사(善德王知幾三事)」조의 선덕여왕에게 선사한 당태종의 모란꽃, 그리고 「수로부인(水路夫人)」조의 어떤 노인이 수로부인에게 꺾어 바친 철쭉꽃 등이 대표적이다. 여기에 등장하는 꽃이 서로 다른 의미를 지니고 있지만 남성과 여성의 사이에 이 꽃이 놓인다는 점에서 동일하다. 이 이야기를 차례대로 들며 좀 더 자세히 살펴보기로 한다.

먼저, 거타지와 관련한 꽃 이야기부터 보자. 진성여왕의 막내아들 양패(良貝)가 궁수(弓手) 50명을 선발하여 당나라로 사신을 가게 되었다. 그런데 배가 곡도(鵠島)에 도착했을 때 풍랑이 크게 일어나, 점을 쳐서 제사를 지내자 양패의 꿈에 노인이 나타나서 활 잘 쏘는 한 사람을 이 섬에 남겨 두면 순풍을 얻을 것이라 했다. 이에 제비뽑기를 하여 거타지가 남게 되었다. 거타지는 곡도에 혼자 남아 서해신의 가족을 죽이는 사미승을 사살(射殺)하고, 그 보답으로 서해신의 딸을 아내로 맞는다. 다음 대목을 들어보자.

이에 노인이 나타나 사례하면서, "공의 덕택으로 우리의 생명을 보존하게 되었소. 청컨대 나의 딸을 아내로 삼아주기 바라오."라고 하였다. 이에 거타지는, "따님을 주시고 저를 버리지 않으시는 것은 제가 참으로 원하는 것입니다."라고 하였다. 노인이 그의 딸을 한 가지의 꽃으로 변화시켜 그의 품속에 넣어 주고 또 두 마리의 용에게 명하여 거타지를 모시고 사신이 탄 배를 따라 가도록 했다.

거타지는 사신과 함께 용의 호위를 받으며 당나라에 무사히 다녀오게 된다. 본국에 돌아와서는 가슴에 품고 있었던 꽃을 다시 꺼내어 여자로 변하게 해서 함께 살았다. 사실 거타지 설화에는 신라의 고단한 상황과 함께 새로운 세계에 대한 비전이 제시되어 있다. 그러니까 호국신인 서해신은 사미승에 의해 박해를 받을 만큼 무기력한 존재로 전락하였지만, 거타지에 의해 죽음을 면한 호국신은 새로운 힘을 보유할 수 있었다는 것이다. 그리고 무엇보다 '보응의 꽃'으로 상징되는 서해신의 딸은 거타지의 아내가 되어 새로운 역할을 할 수 있게 되었다.

다음은 선덕여왕과 관련한 모란꽃 이야기에 대해서다. 선덕여왕은 신라 최초의 여왕이다. 이 때문에 여러 시련이 있었다. 백제와 고구려의 침략으로 국토의 많은 부분을 잃었으며, 당나라에서는 여왕폐위론(女王廢位論)까지 일어나기도 했다. 이에 신라는 선덕여왕을 적극적으로 지지하고 옹호하는 노력을 하지 않을 수 없었으며, 이 과정에서 생성된 설화가 바로 선덕여왕 지기삼사(知幾三事)이다. 선덕여왕이 모란꽃 그림만 보고 그 특성을 파악했다는 이야기는 그 가운데 하나이다.

당나라 태종이 붉은색, 자주색, 흰색으로 된 세 가지 빛깔로 그린 모란꽃 그림과 그 씨 석 되를 보내왔다. 왕이 그려진 꽃을 보고, "이 꽃은 반드시 향기가 없을 것이다."

라고 했다. 이에 뜰에 꽃을 심으라고 명령하여 그 꽃이 피고 떨어지기를 기다렸더니 과연 왕의 말과 같았다.

● 선덕여왕릉

뒷날 여러 신하가 그 연유를 묻자 여왕은, "그려진 꽃에 나비가 없어서 향기가 없음을 알았다. 이는 바로 당나라 황제가 내가 남편이 없다는 것을 업신여긴 것이다."라고 대답했다. 일연은 여기서 더욱 나아가 "세 가지 빛깔의 꽃을 보낸 것은 혹 신라에 세 명의 여왕이 있을 것을 알아서 그렇게 하였던가"라며, 당태종 역시 미리 아는 밝은 지혜가 있었다고 했다. 어쨌든 이 이야기는 선덕여왕이 대단한 지혜를 안으로 간직한 매력적인 여왕임을 강조하고 있다.

마지막으로 수로부인과 관련한 철쭉꽃 이야기이다. 신라 성덕왕 대에 순정공이 강릉태수로 부임하러 가다가 바닷가에서 점심을 먹게 되었다. 옆에는 돌로 된 산들이 병풍처럼 바다를 두르고 있었는데, 높이가 천 길이나 되었다. 그 위에 철쭉꽃이 만발해 있는 것을 보고, 순정공 부인인 수로가 "누가 저 꽃을 꺾어다 주겠소?"라고 하였다. 이에 따르는 사람들이 "사람이 갈 수 없는 곳입니다."라고 하면서 회피하였다. 마침 옆에 암소를 끌고 가던 노인이 있었는데, 부인의 이 말을 듣고 그 꽃을 꺾어 노래까지 지어 바쳤으나 그 노인이 어떤 사람인지 알지 못했다. 노인이 부른 「헌화가(獻花歌)」는 향가로 되어 있는데 이러하다.

자줏빛 바위 가에	紫布岩乎邊希
잡고 있던 암소 놓게 하시고	執音乎手母牛放敎遣
나를 아니 부끄러워하신다면	吾肹不喩慚肹伊賜等
꽃을 꺾어 바치오리다.	花肹折叱可獻乎理音如

• 김홍도의 죽서루 그림

이 「헌화가」에 대한 해석은 매우 다양하다. 수로부인에 관한 것만 하더라도, 수신(水神)을 맞이하는 의례에 등장하는 신령스런 존재라 하기도 하고, 기우제나 풍어제를 진행하는 무당으로 보기도 하며, 무병(巫病)의 단계에 있는 미인 혹은 신라의 아름다운 여인으로 보기도 한다. 상징성이 워낙 뛰어나 어느 것 하나를 선택하여 진실이라 하기 어려운 상황이다. 설화를 그대로 두고 보면, 절세미인 수로가 절벽에 만발한 철쭉꽃을 탐내는데, 암소를 몰고 가던 이름 모를 노인이 절제된 사랑의 감정을 느끼며 꽃을 꺾어 바쳤다는 것이다. 푸른 바닷가의 높은 절벽, 그 위의 붉은 철쭉, 젊은 미인과 소를 몰고 가는 노옹이 선명한 대비를 이룬다. 이 같은 대비 속에 신분과 나이를 초월한 사랑노래가 흐르고 있어 정경은 더없이 아름답다.

거타지, 선덕여왕, 수로부인 설화에는 모두 꽃들이 등장하지만 등장하는 과정이나 기능적인 측면이 서로 다르다. 거타지 설화에서 꽃은 서해신이 준 '보응의 꽃'이고, 선덕여왕 설화의 모란은 여왕의 기지를 알게 하는 '지혜의 꽃'이며, 수로부인 설화에서의 철쭉은 노인의 절제된 감정을 담은 '사랑의 꽃'이기 때문이다. 이 같은 『삼국유사』에 담긴 보응과 지혜, 사랑의 꽃은 세계에 대한 새로운 비전과 함께 귀천과 나이를 넘어서는 해방의 정서를 가져다준다.

꽃은 아름다운 침묵을 지녔다. 그러나 그것은 무엇에도 견줄 수 없는 찬란한 언어이다. 더욱이 꽃은 생명력으로 충일하다. 이 때문에 시인 김남조는 「겨울 꽃」에서 '눈길에 안고 온

꽃 / 눈을 털고 내밀어주는 꽃 / 반은 얼음이면서 / 이거 뜨거
워라 생명이여 / 언 살 갈피갈피 불씨 감추고 / 아프고 아리게
꽃빛 눈 부시느니'라고 할 수 있었다. 겨울 꽃에서 만난 뜨거
운 생명이 역설적으로 병치되면서 독자로 하여금 진한 감동을
경험하게 한다.

꽃은 사람들처럼 다양한 표정을 지니고 있기도 하다. 이 때
문에 그 수많은 꽃말이 생겼는지도 모른다. 정열과 사랑, 불안
과 비애, 분노와 죄악. 그러나 꽃은 다만 허허롭다. 자주색으로
도 피고 흰색으로도 핀다. 혹은 보라색으로도 핀다. 때로는 모
여 살고 때로는 혼자 산다. 그리고 우리들 가슴속에 위안과 함
께 꿈을 심어주기도 한다. 보응과 지혜, 그리고 사랑의 메시지
를 전하는 『삼국유사』의 꽃, 그 꽃들이 눈부신 언어로 다가오
는 것도 모두 이 때문인지도 모르겠다.

6. 선화공주는 어디 갔을까

『삼국유사』 권2 「무왕」조에는 저 유명한 서동과 선화공주의
국경을 초월한 사랑이야기가 나온다. 백제의 30대 왕인 무왕
의 어머니는 과부로 못가에 집을 짓고 살다가 못 속의 용과
관계해서 서동을 낳았다. 서동은 어렸을 때, 신라 진평왕의 셋
째 딸 선화공주(善花公主)가 예쁘다는 소문을 듣고 사모하게 되

었다. 이에 머리를 중처럼 깎고 신라로 잠입하여 마[薯]를 성 안의 아이들에게 나누어 주며 이른바 「서동요(薯童謠)」를 부르게 했다. 서동요는 이렇다.

선화공주님은,	善花公主主隱
남 몰래 정을 통해 두고,	他密只嫁良置古
서동서방에게,	薯童房乙
밤에 몰래 안겨 간다.	夜矣卯乙抱遣去如

이 노래는 4구체로 된 국문학사상 최초의 향가이며 향가 가운데서도 유일한 동요이다. 이 노래가 대궐 안까지 퍼지자 왕은 마침내 공주를 귀양 보내게 된다. 이에 서동이 선화공주를 길목에서 기다리고 있다가 함께 백제로 돌아간다. 마침내 서동은 인심을 얻어 왕이 되고 선화공주는 왕비가 되었다. 왕이 된 서동은 선화공주와 함께 용화산 사자사로 가려고 하는데, 용화산 아래의 큰 못 속에서 미륵삼존(彌勒三尊)이 나타나 수레를 멈추고 경의를 표했다. 그리고 왕비의 간청에 의해 못을 메우고 거기에 미륵사를 세우게 되었다.

이상이 『삼국유사』에 전하는 서동과 선화공주 이야기로 우리가 일반적으로 알고 있는 것이다. 그런데, 2009년 1월 14일 익산의 미륵사지 서탑 심초석(心礎石, 기둥의 중심이 되는 초석)을 해체하는 과정에서 백제 무왕시대(639년) 사리장엄구가 발견되

• 미륵사지 당간지주

어 온 나라를 흥분의 도가니에 빠지게 만들었다. 여기에 금으로 된 「사리봉안기」가 있었는데, 우리가 알고 있는 선화공주와 관련된 미륵사 연기설화와는 전혀 다른 내용이었다. 이 발굴과 더불어 한국사상사학회, 신라사학회, 백제학연구소 등에서는 이를 주제로 하여 학술대회를 개최하였으며, 이들 학술대회에서는 발굴된 「사리봉안기」와 『삼국유사』의 기록에 대한 다양한 논란이 있었다.

먼저, 미륵사의 창건주체가 누구인가 하는 것이었다. 『삼국유사』에서는 '선화공주가 "제발 여기에 큰 절을 지어주십시오. 저의 간절한 소원입니다."라고 하니 왕이 이를 허락하였다.'

라고 기록되어 있다. 이에 비해 「사리봉안기」에는 '우리 백제 왕후께서는 좌평 사택적덕(沙宅積德)의 따님으로 오랜 세월동안 선인(善因)을 심어 금생에 뛰어난 과보를 받아 만민을 어루만져 기르시고 불교의 동량이 되셨기 때문에, 삼가 깨끗한 재물을 희사하여 가람을 세우시고 기해년(639) 정월 29일에 사리를 받들어 맞이했다.'라고 기록되어 있다.

『삼국유사』는 선화공주라 했고, 「사리봉안기」는 좌평 사택적덕의 따님이라 했다. 그렇다면 우리가 알고 있었던 선화공주는 아예 가공의 인물이란 말인가. 그렇지 않다면 무왕과의 관련성 속에 사택적덕의 따님이 '왕후'이고 『삼국유사』의 기록에 보이는 것처럼 한 단계 낮은 '부인'이란 말인가. 아니면, 무왕의 재위가 41년이니 첫째 왕후가 선화공주이며 사택적덕의 따님은 선화공주 사후의 왕후로, 미륵사가 연대를 달리하여 건축되었다는 말인가. 이 같은 의문이 계속해서 일어날 수 있는데 학자들은 이러한 가능성을 열어두고 논란을 벌였으나 확실한 해답을 찾을 수 없었다.

다음으로 문제가 되었던 것은 미륵사 창건의 사상적 배경이었다. 『삼국유사』에서는 '하루는 왕이 부인과 함께 사자사(獅子寺)로 가면서 용화산 아래에 있는 큰 못가에 도착하였는데, 미륵삼존이 못 속에서 나타나므로 수레를 멈추고 치성을 드리며 경의를 표하였다.'라고 기록하였다. 이에 비해 「사리봉안기」에서는 '가만히 생각하건대, 부처님께서 세상에 나오셔서 근기에 따라 감응하시고 사물에 응하여 몸을 드러내시는 것이 마치 물속에 비친 달과 같다. 이 때문에 왕궁에 태어나시어 사라쌍수 아래에서 열반에 드셨는데, 여덟 곡(斛)의 사리를 남겨 온 우주를 이익되게 하셨다.'라고 기록하였다.

『삼국유사』는 미륵신앙으로 가득하다. 무왕과 선화공주가 사자사로 가는데 나타났던 부처도 '미륵삼존'이었으며, 사자사도 '용화산(龍華山)'에 있었다. 그런데 「사리봉안기」에는 처음부터 석가모니불의 법화신앙을 그 기반으로 하고 있다. 이처럼 미래불인 미륵불에 대한 믿음과 현세불인 석가모니불에 대한 믿음으로 맞서게 된다. 이 문제에 대하여 관련 학자들은 무왕시대 초기에는 미륵신앙이 유행하다가 후기로 가면서 석가모니불에 대한 믿음인 법화신앙으로 변모해 갔다고 하기도 하고, 법화경에 미륵신앙이 나오므로 여전히 미륵신앙이라 하기도 하고, 불교사상은 그 어떤 신앙도 석가모니불을 떠나서 이해할 수 없기 때문에 미륵신앙도 법화신앙 안에서 이해할 수 있다는 논리를 펴기도 했다.

미륵사 「사리봉안기」의 출현으로 말미암은 미륵사의 창건 주체와 그 사상적 배경에 대한 논란은 앞으로도 지속될 전망이다. 여기에 대하여 내가 이 자리에서 어떤 입장을 갖고 논란에 참여할 처지에 있지 않다. 그러나 설화와 역사 사이에서 몇 가지 생각해 볼 문제가 있을 것 같다. 설화와 역사는 같으면서도 다르고 다르면서도 같다. 『삼국유사』의 기사를 설화로 보

● 익산 미륵사지 석탑

아 역사에서 완전히 배제해서도 안 되고, 「사리봉안기」는 역사이기 때문에 이것만을 신뢰해서도 안 된다. 설화가 대체로 근거를 갖고 있기 때문이다. 그렇다면 『삼국유사』에서 어떤 진실성을 찾을 수 있을까?

첫째, 미륵사의 창건연대를 무왕의 재위기간과 결부시킨 것과 창건을 주도한 사람이 왕비라는 사실이다. 창건연대를 「사리봉안기」에는 '기해년 정월 29일'로 분명히 말하고 있고, '백제 왕후께서는 좌평 사택 적덕의 따님'이라 분명히 밝히고 있기 때문이다. 『삼국유사』 역시 무왕 재위 기간에 선화공주의 간청으로 조성되었다고 하였으니, 창건연대와 창건주도자의 신분이 일치한다.

둘째, 미륵사가 습지에 세워졌다는 사실이다. 『삼국유사』에는 사자사의 지명법사(知命法師)가 신통력으로 하룻밤 사이에 용화사의 허리를 헐어 못을 메워 평지를 만들었다고 했다. 발굴 성과의 보고에 의하면 미륵사터가 연못과 같은 습지에 조성되었던 것으로 밝혀졌다. 특히 주춧돌이 다른 절과 달리 높게 세워졌다고 하는데, 이것은 늪지라는 특수성 때문일 수밖에 없을 것이다. 여기서도 못을 메워 미륵사를 세웠다는 『삼국유사』의 신빙성은 그대로 인정된다.

셋째, 미륵사의 형태가 '3금당 3탑' 형식이라는 사실이다. 「사리봉안기」에는 미륵사의 형태가 어떠하였는지 적기되어 있지 않지만, 지금까지의 발굴성과는 이를 확인하기에 족하다. 그렇다면 무엇 때문에 3금당 3탑 형식을 취하였을까?『삼국유사』
는 이에 대한 설명도 상세하게 덧붙인다. '미륵이 3회 설법을
하는 불상을 만들고 전각과 탑 및 회랑을 각각 세 곳에 세워
미륵사라 이름했다.'라고 한 것이 바로 그것이다.

불교에서는 미륵불이 교화하는 세계를 '용화세계'라 하며
미륵불이 설하는 세 번의 설법을 용화삼회(龍華三會)라고 한다.
미륵은 석가 입멸 후 56억 7천만년 뒤에 인간세계에 내려와
용화수 아래에서 3회의 설법을 하며 인간을 구원한다고 한다.
이에 따라 자연스럽게 용화산 아래 3금당 3탑 형식의 거대한
미륵사를 세우게 되었던 것이다.

『삼국유사』(13세기)보다「사리봉안기」(7세기)가 훨씬 이른 시
기에 쓰인 글이니 후자에 더 많은 진실성이 있을 수밖에 없다.
그렇다고 하여 우리는『삼국유사』의 선화공주를 버릴 수는 없
다. 왜냐하면 이 이야기는 우리에게 있어 이미 하나의 현실이
기 때문이다. '한 사람이 꾸면 꿈이지만 다수가 꾸면 이미 현
실이다.'라는 말이 있는 것처럼 우리는 오랫동안 서동과 선화
공주에 대한 꿈을 꾸어왔다. 당시는 삼국 통일을 놓고 백제와
신라가 국경 지대를 중심으로 치열한 각축전을 벌였던 사정을
고려한다면, 서동과 선화공주의 로맨스는 참으로 믿기 어렵다.
가장 믿을 만한 7세기 초의「사리봉안기」가 발견되었으니 더
욱 그러하다.

그렇다면『삼국유사』에 많은 역사적 사실이 있음에도 불구

● 금제 사리봉안기(사진 : 문화재청)

하고, 미륵사 연기설화에 선화공주와의 사랑이야기 등 신라 이야기가 다수 삽입된 이유는 무엇일까? 이미 그렇게 보는 사람들이 있듯이 백제 멸망 후 미륵사 승려들이 그들의 절을 구하기 위함일 터이다. 즉 미륵사가 신라왕실과 관련이 깊은 것처럼 미륵사의 승려들이 꾸며낸 이야기라는 것이다. 백제에 있던 많은 금을 용화산 지명법사의 신통력으로 신라왕실로 보낸 것도 같은 입장에서 이해된다.

『삼국유사』에 전하는 서동과 선화공주 설화는 미륵사 건립과 함께 백제 멸망 이후의 역사성까지 내포되어 있다. 시간의 흐름에 따라 새로운 내용이 더해지기도 하고 변하기도 하는 구비문학의 적층적(積層的) 성격에 기인한 것이다. 이에 비해 미륵사지에서 발견된 「사리봉안기」는 미륵사의 창건을 구체적 사실에 입각하여 기술하고 있다. 여기서 우리는 『삼국유사』의 서동·선화공주 설화가 역사적 맥락 속에서 어떻게 형성되어 왔는지를 알 수 있다. 미륵사와 관련한 선화공주와 사택적덕의 따님 모두가 우리에게 중요한 이유가 바로 여기에 있다.

7. 남녀로서 남녀를 넘어서는 길

나는 가끔 성성주(惺惺酒)를 즐긴다. 성성주란 무엇인가. 어느 회사에서 나온 술인가 하는 사람도 있을 것이고, 술은 취하기 위해서 마시는 것인데 무엇 때문에 '酒[술 주]'자 앞에 깨어 있다는 의미인 '성성(惺惺)'이란 말을 붙였는가 라고 생각하는 사람도 있을 것이다. 문자를 조금 아는 사람은 '맹물'을 현주(玄酒)라 하기도 하니 이와 유사한 의미가 있는 것은 아닐까 하고 생각할지도 모른다. 그러나 성성주는 이것도 저것도 아니다.

성성주는 간단히 말해 소주와 맥주를 섞어 마시는 이른바 소맥 폭탄주다. 저렴하기도 하지만 배합 비율에 따라 다양한 맛을 즐길 수 있어, 소시민적 취향을 지닌 주당들이 좋아한다. 폭탄주는 여러 종류의 술을 함께 섞은 술이다. 시베리아의 벌목 노동자들이 추위를 이기기 위해 보드카를 맥주와 함께 섞어 마신 것이 그 기원이라고 한다. 우리나라에는 1960~70년

대 미국으로 유학 갔던 군인들이 들여와 사회 전반으로 확산
되었다고 한다.

　나는 무엇 때문에 이것을 성성주라 이름하는가. 우선 '성성'
이라는 이름이 좋다. 이 용어는 주자(朱子)가 유가 수양론의 하
나인 경(敬)의 조목으로 윤돈(尹焞)의 '상성성법(常惺惺法)'을 취하
면서 그 중요성이 인정되었다. 항상 깨어 있는 의식을 말한 것
이다. 이 때문에 조선의 유학자 남명 조식은 성성자(惺惺子)라는
방울을 허리춤에 항상 차고 다녔다. 방울 소리를 들을 때마다
자신의 마음이 깨어 있도록 단속하자는 의도였다.

　성성주는 폭탄주라는 이름이 가진 군사문화적 폭력성을 배
제할 수 있다. 또한 '성성'과 '주'는 상호 대립되어 있지만 통
일적 결합 상태에 놓여 있어 흥미롭다. 남자와 여자, 하늘과
땅, 봉우리와 계곡, 천당과 지옥, 깨달음과 어리석음, 만남과
이별 등은 말할 것도 없고 나아가 죽음마저 삶과 함께 대립적
통일성을 이룬다. 선가(禪家)에서는 이를 여일(如一)로 표현하기
도 했다. 대립되어 있는 것 같지만 사실은 하나라는 이야기다.

　대립적 통일성은 이 우주의 근본적인 존재방식이다. 죽음이
없는 삶이 있을 수 없으며, 천당 없는 지옥이 어디 있던가! 취
함과 깨어 있음도 마찬가지다. 그러나 '성성+주'는 둘이 하나
라는 것을 단순하게 보여주는 것은 아니다. '깨어 있음→취함
→취함을 넘어선 깨어 있음'을 계기적으로 제시하기 때문이
다. 단순하게 깨어 있거나 단순하게 취하는 것은 누구나 할 수

있다. 그러나 '취함'을 딛고 선 그 '성성함'이야말로, 존재의 근본을 일깨우는 높은 상태의 깨달음이다.

홀로 서면서도 더불어 살아가는 것이 우리의 삶이라고 하였던가. '홀로'에만 묶여 서로 다른 성질을 고립적으로 드러내서도 안 되고, '더불어'만을 강조하여 일체의 개성을 소멸시켜서도 안 된다. 소주와 맥주는 서로 달라 '홀로' 서지만, 성성주로 통일되면서 '더불어'가 동시에 강조된다. 성리학에서 리기(理氣)를 둘이면서 하나[二而一]요, 하나이면서 둘[一而二]라고 한 것도 같은 이치이다.

퇴계 이황의 제자 금란수(琴蘭秀)라는 분도 자신의 호를 '성성재(惺惺齋)'라고 하면서 마음이 항상 깨어 있기를 염원하였다. '성성'은 까만 밤하늘에 별이 초롱초롱 하듯 마음을 항상 깨어 있게 하는 것이다. 이 때문에 술을 마신 뒤에도 취할 수가 없다. 만약 취했다면, 그는 성성주를 마신 것이 아니라 폭탄주를 마신 것이 된다. 술 마시며 제대로 깨어 있기! 바로 이것이 성성주의 정체이다.

나는 성성주를 마시며 일연이 전하는 광덕(廣德)과 엄장(嚴莊)의 이야기를 듣는다. 광덕은 신을 만들어 팔았고 엄장은 농사를 지으며 살았다고 한다. 이들은 절친한 벗으로서 '극락에 먼저 가는 사람이 반드시 서로 알리자.'라고 약속을 하였다. 어느 날 광덕이 극락으로 가면서 엄장에게 그 사실을 알리자, 엄장이 그의 처소로 가보니 광덕이 과연 죽어 있었다. 이에 분황사의 계집종인 광덕의 처와 함께 그 유해를 수습하여 장사를 지냈다.

장사를 마치고 엄장이 광덕의 처에게, '이제 남편이 죽었으니 나와 함께 사는 것이 어떻겠소?'라고 하자, 광덕의 처는 바로 승낙을 하였다. 엄장은 광덕의 처가 자신의 아내가 되자 밤에 자면서 정을 통하려 하였다. 이에 엄장의 아내가 된 광덕의 처는 '스님께서 서방정토를 구하는 것은 나무에 올라 물고기를 구하는 것과 같습니다.'라며 거절하였다. 엄장이 괴이하게 여겨 '광덕은 되는데 나는 왜 안 되오?'라고 하자, 아내는 다음과 같이 말했다.

남편은 저와 10년을 같이 살면서도 아직까지 하룻밤도 한 자리에서 잔 적이 없는데 하물며 몸을 더럽혔겠습니까? 오로지 매일 밤마다 몸을 단정히 하고 반듯이 앉아서 한결같이 아미타불을 부르며 16관(觀)을 지었는데 달관하여 달빛이 창문 안으로 들어오기라도 하면 스님은 그 달빛 위에 올라가 가부좌를 틀고 앉아 있곤 하였습니다. 정성을 다함이 이와 같았으니 비록 서방정토에 가려 하지 아니한들 그렇게 되겠습니까?

한때 친구의 아내였지만 지금은 자신의 아내가 된 사람, 그 사람의 질타가 매섭다. 그 아내는 여기서 나아가, '무릇 천 리를 가고자 하는 사람은 첫걸음부터 알 수가 있는데 지금 스님의 관(觀)은 동쪽으로 간다고 할 수는 있지만 서방으로 간다고는 할 수가 없습니다.'라고 하였다. 엄장은 몹시 부끄러웠다. 이에 원효에게 나아가 정관법(淨觀法)의 요체를 터득하여 그도 서방정토에 오르게 되었다. 아내의 통매(痛罵) 없이 불가능한 것이었다.

서방은 극락이고 천당이며, 동방은 세속이고 지옥이다. 엄장은 수도를 한다고 하였지만 세속적 욕망을 벗지 못하고 남녀의 잠자리를 갖고자 했다. 지옥으로 가는 길인 세속적 삶을 살고자 한 것이다. 세속에서 범부의 일상으로 살지만 삼계(三界)를 떠날 수 있어야 한다. 그러나 엄장은 범부의 일상에 머무르고자 했다. 그의 행위는 실로 연목구어(緣木求魚)였던 것이다.

나는 여기서 광덕과 그의 아내를 다시 생각한다. 이들은 부부로 살았으나 부부로 살지 않았다. 부부로 살았다는 것은 성인 남녀가 생업을 유지하며 한집에 살았다는 것이며, 부부로 살지 않았다는 것은 보통 부부처럼 남녀 관계를 갖지 않았다는 것이다. 세속적이지만 지극히 초세속적인 부분을 여기서 발견하게 된다. 엄장이 세속적인 부분을 요구하자 그의 아내는 이것을 거절하며 초세속적인 부분을 강조하고 나섰다.

광덕과 그의 아내, 이들에게서 나는 대립적 통일성이 갖는 팽팽한 긴장감을 느낀다. 이들은 분명 남과 여로서 인간이 지닌 기본적인 욕망을 지닌 존재들이다. 그러나 이들은 이 욕망을 누르며 보다 높은 단계인 달관의 세계로 진입하였다. 만일,

이들이 부부가 아닌 남남의 관계였다면 긴장력이 형성되지 않아 광덕은 서방의 극락세계로 진입할 수 없었을는지도 모른다.

모순된 두 개체가 홀로 서지만 더불어 살아가는 소통의 세계, 이것은 우리가 꿈꾸는 마지막 세계이다. 서방세계로 가는 맑은 얼굴의 달을 본다. 달은 언제나 그 빛을 우리가 사는 동방 세계에 뿌린다. 성성주를 마시며 성성한 취함을 느낀다. 그 취함은 모순의 긴장력 속에서 나를 높은 단계의 각성 상태로 밀어 올린다. 서로 다른 두 힘이 팽팽한 균형을 유지하며 새로운 돌파구를 마련하기 때문이다. 진흙 속에 뿌리를 서려둔 정결한 연꽃처럼.

● 분황사 발굴 현장(사진 : 문화재청)

고운기, 『우리가 정말 알아야 할 삼국유사』(1·2), 현암사, 2002.

길태숙, 『삼국유사와 여성』, 이회문화사, 2003.

김열규, 『신삼국유사』, 사계절출판사, 2000.

김일렬, 『한국설화의 민족의식과 민중의식』, 새문사, 2007.

이범교, 『삼국유사의 종합적 해석』(상·하), 민족사, 2005.

이재호 역, 『삼국유사』(1·2), 솔, 2007.

이종문, 『인각사 삼국유사의 탄생』, 글항아리, 2010.

이종욱, 『화랑세기로 본 신라인 이야기』, 김영사, 2000.

정우락, 『문화공간 팔공산과 대구』, 글누림, 2009.

조동일, 『삼국시대 설화의 뜻풀이』, 집문당, 2004.